DIGNITÉ
DU COMMERCE,
ET DE L'ÉTAT
DE COMMERÇANT.

PAR M. ANQUETIL DU PERRON, VOYAGEUR.

Aurons-nous donc toujours des yeux pour ne pas voir !

1789.

On trouve chez la Veuve Tilliard & Fils, Libraires, rue de la Harpe, les Ouvrages suivans de M. Anquetil Duperron :

ZEND-AVESTA, *Ouvrage de Zoroaſtre*, &c. *avec figures*. Paris, N. M. Tilliard. 1771. 2 tomes en 3 vol. *in-4*.

LÉGISLATION ORIENTALE. Amſterdam, M. M. Rey. 1778. *in-4*.

RECHERCHES HISTORIQUES ET GÉOGRAPHIQUES SUR L'INDE, *avec des Cartes*. Berlin, Pierre Bourdeaux. 1786—1787. II. Parties ou deux Tomes, *in-4°.* grand papier avec fig.

Les mêmes, petit papier, *in-4°*. II. Parties, avec figures.

Les mêmes RECHERCHES, *avec trois* SUPPLÉMENS ; dans la DESCRIPTION HISTORIQUE ET GÉOGRAPHIQUE DE L'INDE, &c., *avec Cartes & Plans ; donnée par M. Bernoulli*. Berlin, Pierre Bourdeaux. 1786— 1789. Trois tomes en cinq Parties. *in-4°*. Grand papier, avec grand nombre de Cartes, Plans & Figures.

PRÉFACE.

LE Voyageur eſt le ſeul qui puiſſe
juger ſainement du caractère, des préjugés, des défauts d'une Nation. Les
rapports d'état, de profeſſion, de ſociété, d'amitié, de parenté, établiſſent
ſur tous les objets, comme vérités de
droit, des points qui ne ſont que des
vérités de fait : qui pourra, vivant toujours dans le même tourbillon, diſtinguer
la voix de l'intérêt de celle de la Nature?
L'habit, le logement, la nourriture,
agiſſent, avec le temps, ſans qu'on s'en
apperçoive, ſur le corps, qui réagit ſur
l'ame, & la plie aux goûts, aux juge-
mens que dicte le climat. On regarde
comme un caractère, un tempérament
heureux, celui que cette flexibilité ſem-
ble naturaliſer par-tout où il ſéjourne.

De là, ſi peu de bonnes critiques Nationales, à moins que le ſel de la *moroſité*

n'échauffe la bile de l'Ecrivain. On trouve tout bien chez foi : & en cela on eft généralement de bonne-foi. Les Etrangers n'en penfent pas de même : mais leur jugement eft taxé de jaloufie, de rivalité; & trop fouvent l'accufation eft jufte, lors même que le défaut qu'ils relèvent eft réel.

Le vrai Voyageur, c'eft-à-dire celui qui, aimant tous les hommes comme fes frères, inacceffible aux plaifirs & aux befoins, au-deffus de la grandeur & de la baffeffe, de l'eftime & du mépris, de la louange & du blâme, de la richeffe & de la pauvreté, parcourt le monde, fans attache qui le fixe à aucun lieu; fpectateur du bien & du mal, fans égard à celui qui le fait, aux motifs propres à telle Nation : ce Voyageur, s'il eft inftruit, s'il a un jugement fain, faifit fur-le-champ le ridicule, le faux d'un procédé, d'un ufage, d'une opinion. C'eft un homme qui a l'odorat fin : entrant dans un appartement, l'odeur du jasmin le frappe dès la première pièce ; ceux qui font depuis long-temps dans le falon, s'en apperçoivent à peine, & rient de fon extrême fenfibilité.

L'homme qui a fu, en élaguant les connoiffances, les vifites, fe créer une folitude au milieu du monde, peut, au bout de quelques années, avoir le coup-d'œil du Voyageur : cependant l'air qu'il refpire affoiblira toujours la touche de fes obfervations.

Voilà peut-être les feuls juges compétens fur les préjugés nationaux : mais où trouver des perfonnages qui ayent réellement ce caractère, ces qualités ? & quand ils exifteroient, l'homme, à leur voix, avoueroit-il fes torts ?

Les difficultés, la réfiftance, ne doivent point rebuter un courage, qui cherche moins à vaincre qu'à corriger.

Expofer clairement la vérité, montrer de même l'erreur qui la combat, foutenir l'attaque avec intrépidité, avec fang-froid, repouffer quelquefois avec chaleur, fans confondre la perfonne avec le défaut, avec l'abus : c'eft, je penfe, tout ce qu'on peut exiger de celui qui, par zèle pour le vrai en lui-même, pour le bien de fes compatriotes, s'efforce de détruire une erreur, un préjugé dangereux & invétéré.

Je ne me flatte point d'avoir rempli cette tâche, toujours difficile, fouvent périlleufe. Quelque bras plus robufte, ou plus heureux que le mien, domptera, anéantira le monftre que j'ai ofé attaquer.

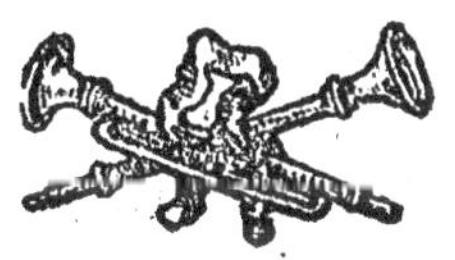

TABLE.

Fin de la Table.

DIGNITÉ

DIGNITÉ
DU COMMERCE,
ET DE L'ÉTAT
DE COMMERÇANT (1).

Tout ce qui intéresse le Commerce,
tient à l'homme considéré en lui-même &

(1) Ce morceau est la dernière partie d'un Ouvrage
annoncé en 1782 à Neuchâtel sous ce titre : *L'Inde en
rapport avec l'Europe. Ouvrage dans lequel on développe les
intérêts Politiques de l'Inde, la nature de son Commerce; &
où l'on présente un plan d'administration également utile à
cette contrée & à l'Europe.* Des ordres supérieurs en ont
empêché l'impression. Je donne aujourd'hui cette dernière Partie avec quelques changemens, sur-tout avec
une addition considérable à la fin, relative aux circon-

A 2

DEBUT DE PAGINATION

dans l'état de fociété. Mais c'eft fur-tout
quand il s'agit de l'Inde , qu'il eft important d'avoir fur cet objet des idées faines ,
puifées dans la nature des chofes, & déga-
gées des préjugés que l'accroiffement des
lumières n'a pas encore pu bannir de l'Europe.

On convient maintenant que les Nations
qui habitent l'Inde méritent d'être étudiées
comme celles de l'ancien Monde ; & que les
Etrangers qui fe propofent d'y former des
établiffemens, ne peuvent compter fur une
poffeffion tranquille, fur un fuccès durable ,
s'ils ne connoiffent pas à fond le génie du
peuple chez qui ils veulent fe fixer, fa langue,
fes productions, les intérêts de ce peuple
relativement à ceux qui l'environnent , &
au commerce que l'on vient faire fur fes
côtes.

Mais fera-ce dans un Soldat enrôlé de
force, trop heureux d'aller prolonger dans
un pays où fes crimes ne font pas connus,
une exiftence que lui refufent peut-être les

ftances actuelles. Mon unique but , en profitant de la
liberté accordée à la Preffe , eft de fervir ma Patrie : je
cherche à fournir les moyens de rendre au nom François
fon antique fplendeur.

loix de sa patrie; sera-ce dans un Matelot, même dans un simple Commis, dans un homme de probité douteuse, expatrié pour ses vices, avec le titre d'Officier civil ou militaire, que l'on trouvera les connoissances que demande la régie des comptoirs de l'Inde, l'administration des affaires de la Nation Françoise dans ce vaste Continent?

Voilà pourtant les sujets qui, trop généralement, ont servi à fonder les premieres Colonies : aussi étoit-ce d'abord une sorte de tache, que de passer dans l'Inde. Cette marche, dans l'origine, paroît naturelle : ignorant de quelle manière tournera une entreprise périlleuse , on n'expose , pour commencer, que des gens dont on veut en quelque sorte se défaire.

Ainsi s'élève, sur des fondemens ruineux, un édifice considérable qui doit bientôt s'é-crouler.

N'auroit-il pas été plus prudent, plus avantageux, de proposer à des personnes instruites, d'un caractère assuré, le voyage de l'Inde, avec une récompense proportionnée? l'espérance d'un gain honnête inspire souvent des ressources qui échappent à l'aventurier, au simple intrigant. Alors, que de faux frais d'épargnés , de malheurs de prévenus !

Profitons des fautes de nos pères. Maintenant l'Inde est connue, ainsi que le moyen d'y réussir. Mais qui formera les Etablissemens François ?

§. I.

La dérogeance attachée, en France, à l'état de Commerçant : ridicule, & suites funestes de ce préjugé.

C'EST pour amasser de gros biens, ou mettre à profit les restes d'une fortune délabrée, que l'on court les risques d'un voyage de 6000 lieues. Le commerce seul peut remplir légitimement cet objet. Il faut pour cet état, des personnes qui aient des connoissances, bien nées, qui l'embrassent comme dignes d'elles, par conséquent honorable : & dans nos préjugés, le Commerçant déroge (1).

Voilà donc un secours respectable, pour les opérations de l'Inde, enlevé à la Nation Françoise ; &, en même-temps une portion considérable de cette Nation, privée de cette puissante ressource contre les coups de la fortune. Les personnes, même vivant noble-

______

(1) Du Tot, *Réflexions Politiques sur les Finances & le Commerce*, 1754. T. II. p. 293.

ment, qui ont reçu une éducation choisie,
distinguée, l'éducation nécessaire pour l'Inde,
dans la crainte de s'avilir, de se deshonorer,
refuseront d'employer pour leur Patrie, dans
cette contrée, les talens que la nature leur a
donnés. Un Gentilhomme François devenir
Marchand! car le Gouverneur, l'Intendant,
le Militaire, le Magistrat, le Capitaine de
vaisseau, le Chef de bureau, tout est Négociant dans l'Inde, comme le Marchand particulier (1); & négociant en gros & en détail.

Les Anglois, les Hollandois, & long-
temps avant eux, Pise, Gênes, Lucques,
Florence, Venise, les Villes Anséatiques du
Nord, les anciens Norvégiens, (2) ont renoncé à une erreur politique, qui blesse
l'humanité puisqu'elle attaque une profession

---

(1) *Consultation d'Avocats* dans le *Mémoire de Dupleix.*
Pièc. Justif. N°. V. p. 25.

(2) *Il negociante di Peri.* 1662. P. I. c. 1. p. 4. P. II.
c. 1. p. 7. 8. P. IV. p. 17—19. *Essais de l'Hist. du Comm.
de Venise.* 1729. p. 158. 159. *Le grand Trésor, Hist. &
Polit. du floriss. Commerce des Hollandois dans tous les Etats
& Empires du Monde,* &c. 1712. Deon de Beaumont, *Mém.
pour servir à l'Hist. gén. des Fin.* 1758. T. I. p. 4. not. 1.
Elémens du Commerce. 1754. Avertiss. & p. 1. 90. *de Veter.
Septentrional...... Peregrinationibus;* Lips. 1755. *Traité de
la Noblesse,* 1700. p. 84.

néceffaire dans l'état même de nature ; l'homme, fous quelque face qu'on le confidère, ne pouvant fubfifter fans échanges, fans commerce : une profeffion noble en foi ; le commerce étant fondé fur le but direct d'obliger fon femblable, de partager fon bien avec lui, de la manière qui fait reffortir les fentimens les plus dignes de l'homme. Ce qu'on lui reproche eft l'abus, dans l'exercice : & chaque état a les fiens. Enfin, le commerce eft une occupation qui tient à la conftitution même de l'homme, feul ou en fociété.

§. I I.

Effence du Commerce.

IL plaît à l'Etre fuprême, de placer fur la terre deux individus de notre efpèce ! l'un sème & moiffonne ; l'autre nourrit des troupeaux, en recueille la laine, en ramaffe les peaux ; il chaffe, il pêche (1).

______

(1) On peut voir, dans l'excellent Ouvrage de M. l'Abbé de Condillac, qui a pour titre : *Le Commerce & le Gouvernement, confidérés relativement l'un à l'autre* (1776) I. Part. la naiffance & la nature du Commerce, felon la marche progreffive de l'homme, de l'état de Sauvage ifolé à celui des Villes, des Etats. Du Tot. *lib. cit.* T. II. p. 280.

Le premier a befoin d'habits ; le fecond, de grain. Ils troquent leurs biens, & font contens ; ce fecours mutuel eft chez eux un acte de la nature, comme celui de nourrir fes petits : on en retrouve des traces même parmi les animaux. *Echange de deux côtés.*

Mais la génération augmente, on fe gêne. Les troupeaux, pour trouver des pâturages, font obligés de s'éloigner : le cultivateur eft à vingt, quarante lieues du pafteur ; le tranfport devient long & pénible. Un particulier offre de s'établir entre les deux : il recevra le grain de l'un, la laine, les peaux de l'autre, pour les leur faire paffer en échange, réfervant une portion de ces effets pour fa nourriture & fon vêtement : ou bien il les prend pour fon propre compte, & revend à chacun ce dont il a befoin. Voilà le commerce par commiffion, & le commerce de la feconde main. *Echange de trois côtés.*

Celui qui a befoin de laine & de peau, n'a qu'un boiffeau de grain, un demi-boiffeau à échanger. On ne lui donnera donc qu'une toifon, une demi-peau, felon le taux des échanges. C'eft le commerce en détail, qui eft de la même nature que le commerce en gros. *Echange de plus ou de moins,* felon le befoin, les facultés.

La même réduction s'applique au Commis-
sionnaire, au Commerçant de la seconde
main.

La difficulté de l'échange en nature, fait
choisir une matière d'un petit volume, aisée
à garder, à transporter, sur le prix de laquelle, sa forme, son poids, les particuliers
qui ont des effets à échanger, soient d'accord.
Voilà la *monnoie*, en espèces ou en papier.
Ce suppléant, ne change pas, non plus la
nature du commerce : donner une peau pour
une mesure de grain, ou pour un objet
quelconque qui en représente la valeur, c'est
exactement la même opération. Le Com-
missionnaire recevra pareillement, sans que
par là son état change, cette matière mise
à la place des grains, des peaux. *Echange, par
la monnoie, signe représentatif.*

Le commerce, comme on le voit, pré-
senté tel qu'il est en soi, est de droit naturel.
Donner & recevoir, parler & répondre ;
l'action & la réaction ; telle est la vie de
l'univers, au physique & au moral.

§. I I I.

*Le Commerce comparé avec les Professions qui ne
dérogent point.*

Le Militaire, la Magistrature, la Finance,

la Médecine (1), quatre états confidérables dans la fociété, ne font que des remèdes aux maux qui affligent la nature.

Le Militaire, réputé fort, courageux, eft refpecté. Le foible s'appuie fur lui comme fur un bâton, contre un mur. Avec le Militaire on fe croit en fûreté contre le voleur du dedans, du dehors, contre le violent : c'eft un protecteur, un défenfeur.

Les paffions, les arrangemens de la fociété, donnent lieu à des difcuffions, à des querelles ; on a recours au Magiftrat.

Les frais exceffifs de l'adminiftration demandent des fonds dans un Etat. Le Financier eft établi pour en raffembler : c'eft l'homme du Propriétaire de terre, du Commerçant, du Pauvre même, chargé de porter au tréfor public le prix de la protection, c'eft-à-dire les impofitions mifes pour cet objet, fur le produit du fol, du commerce, de l'induftrie. Les maux du corps appellent le Médecin.

Il eft vifible que ces quatre profeffions ne font néceffaires qu'à l'homme foible, vicieux, ou malade. Les trois premières ne s'exercent guère, qu'il n'y ait une partie du genre humain de léfée. Celui qui les embraffe, ne

______

(1) Du Tot, *lib. cit.* T. II. p. 301.

déroge pas : & le commerce, befoin naturel de l'homme fain de corps & d'efprit, comme eft celui de boire & de manger, avilit le particulier qui l'exerce !

C'eft que ces quatre états tiennent à la fupériorité. Le Militaire, le Magiftrat & le Médecin, font maîtres de la vie; le Magiftrat, le Militaire & le Financier, des biens : & l'homme, naturellement defpote, attache l'honneur, la confidération, à tout ce qui donne autorité, à tout ce qui met au-deffus de fon femblable.

Mais un refte de refpect pour l'humanité, dévoue, en France, à l'infamie, l'office de Bourreau, qui dans d'autres états n'a rien de deshonorant. Cependant, les chofes confidérées en elles - mêmes, l'Exécuteur de la haute juftice ne différe pas du Soldat. L'un tue feul ; l'autre, en corps de 20,000 hommes : tous les deux, en conféquence de l'ordre établi par le Gouvernement.

Le fol des Nations policées eft celui des contradictions. Tranfportons-nous chez ces peuples, que nous croyons encore au berceau après 6000 ans, parce que nos opinions, ni nos arts ne les ont pas corrompus; l'Arabe du Défert, le Tartare nomade, l'ancien habitant de la Sibérie, le Samoyede, l'Iflandois, le Groenlandois, le Sauvage de l'Amérique. Là l'homme fait lui-même ses habits, ses meubles, sa cuisine, élève sa tente, construit sa maison, laboure, sème, recueille, comme il chasse & pêche pour sa subsistance, ainsi que pour son commerce. Le maître se fait aider par son valet. Mais point de deshonneur attaché au travail, au commerce. Comment seroient-ils tentés de mépriser des talens, des opérations, dont le besoin, quelquefois pressant, se renouvelle tous les jours ! les Officiers Suédois, transportés en Sibérie, après la bataille de Pultava, croyoient-ils déroger en travaillant pour vivre ?

§. I V.

Objections contre la dignité du Commerce.

L'AVIDITÉ, dira-t-on, est l'ame du commerce; & cette passion basse, cruelle quelquefois, est incompatible avec les sentimens essentiels à la Noblesse. Lisez le Programme du prix proposé par l'Académie des Sciences de Harlem, en Hollande, pour 1779—1780.

(1) *Quelles sont les causes pour lesquelles le*

____

(1) *Journ. des Sav.* Sept. 1779. Nouv. Litter. Holl. *in*-12. p. 1897.

commerce de cette République (la Hollande), tant au Nord & dans la Mer Baltique, que dans la Méditerranée, s'est presqu'éteint, & se fait maintenant en droiture, sauf l'entremise de ce pays-ci ? & quels moyens pourrions - nous employer, pour empêcher cette navigation directe, ou du moins pour la faire diminuer tellement, que cette République redevienne, comme auparavant, l'entrepôt des marchandises, tant de la Mer Baltique, que de la Méditerranée.

Le Commerçant se plaint d'une année d'abondance ainsi que le Fabricant, parce ce que l'Ouvrier, moins pressé par le besoin, n'est plus à ses ordres.

A Carthage même, ville qui devoit toute sa puissance au commerce, la politique obligeoit de prendre des précautions contre l'avidité des Marchands. On ne leur laissoit voir ni les arsenaux de marine, ni les lieux les plus secrets de la ville (1). Les Empereurs Romains déterminent les villes où ils doivent tenir des foires, *ne alieni Regni scrutentur secreta* (2).

---

(1) J. Angelii.... *De Rebus publicis Hanseaticis, Tractat.* 1641. T. I. p. 160.

(2) Cod. lib. 4. tit. 63. 4.

(15)

Ces reproches font fondés : mais c'est à
l'homme qu'il faut s'en prendre, & non à la
profession. Le riche voit de même avec
peine l'aisance qui, après une heureuse ré-
colte, le prive des bras employés journellement à satisfaire ses caprices. On n'est maître
du Paysan, dit l'Intendant barbare (& ils le
font tous), que quand le pain est à cinq sols
la livre. Le propriétaire qui fait valoir, redoute plus une année pleine que la disette.
Les loix somptuaires qui font le salut de
l'Etat, ruinent pour le moment l'Artisan du
luxe : il se récrie contre l'économie : le Militaire & le Commis des vivres murmurent
contre la paix : le Prêtre, le Fossoyeur & le
Médecin, appellent bonne année une année
de mort. On a vu les Praticiens de Goa se
plaindre au Vice-Roi de la disette des procès (1).

Les Savans de Harlem, qu'il ne faut pas
confondre avec la Nation Hollandoise, voudroient avoir pour le transport ou l'entrepôt,
le monopole du commerce du Nord, de la
Baltique, de la Méditerranée, comme la

____

(1) *Zend-avesta*. T. I. Prem. Part. p. 206.

Compagnie Hollandoife a celui de la muf-
cade, du girofle, de la canelle, & envoye
prifonniers au Cap de Bonne-Efpérance, les
Rois des Moluques (1), lorfqu'elle en eft
mécontente. Voiturer à fi bas prix, qu'on
préfère leurs vaiffeaux (comme nous faifons)
à l'exercice d'une marine devenue pourtant
néceffaire, & qu'il faut alors entretenir in-
dépendamment du commerce ; ou bien,
faire fortir du lac de Harlem 300 vaiffeaux
de ligne : voilà, en deux mots, la réponfe
aux queftions politiques des Erudits Hollandois.

Mais pourquoi ne blâmer l'avidité que
dans le Commerçant? s'il defire, c'eft pour
jouir : il rend d'une main ce qu'il reçoit de
l'autre. Et l'on verra, fans en être ému, des
tréfors littéraires déterrés à Herculanum;
lefquels contiennent peut-être ce qui manque
dans les Ouvrages les plus précieux de l'An-
tiquité, tels que Diodore de Sicile, Tite
Live, Polybe, &c. : on les verra, ces tréfors,
relégués dans des coins d'armoire, après des
effais heureux! avarice plus funefte que le
fléau qui a englouti cette ville, puifqu'il n'a

----

(1) Ceux de *Tidor* & de *Ternate* y étoient en 1781.
Cour. de l'Europe, 14 Octobre 1781.

pu nous priver entièrement de ces richeſſes
ineſtimables, & que la poſſeſſion ſoupçon-
-neuſe, ou du moins un dédain marqué pour
ces manuſcrits, empêche de ſuivre le travail
qui nous en a déja donné pluſieurs, empêche
le reſte de l'Europe de le tenter.

On ſent que, dans tout ceci, c'eſt le vice
ſeul de l'action que j'attaque, reſpectant
toujours la perſonne, la profeſſion.

Mais que le vrai Commerçant eſt bien peu
connu ! au-deſſus des évènemens heureux &
malheureux, ſa dépenſe, toujours proportionnée à ſa recette, le tranquillise ſouvent
plus que le Rentier ſur les coups de la fortune : l'indolence de celui-ci anéantit toute
reſſource.

§. V.

Origine du préjugé contre le Commerce.

Il a plu à des Nations conquérantes de
donner au commerce, cette occupation in-
ſéparable de l'homme, un vernis de dérogeance, pour excuſer leur pareſſe, leur inap-
titude : ſans doute qu'il en ſeroit de même
des autres fonctions de la Nature, ſi les
Attila avoient pu s'en paſſer. Il faut, dit le
Noble, qu'on me mette, comme au Roi

d'Ethiopie (1), les morceaux dans la bouche : le fang des Thamas Kouli-Khan n'eft pas fait pour travailler.

C'eft l'opinion du brigand, qui caché derrière une haie, furprend le voyageur & le dépouille ; qui va piller la cabanne du pauvre payfan, tue, maffacre, & dit pour raifon, qu'il eft honteux à l'homme de cœur de bêcher la terre, faire le commerce ; en général, de vivre du travail de fes mains.

Ainfi penfoient nos devanciers, les Germains, les Goths, les Huns, les Vandales. De-là, dans les cinq & fixième fiècles, les Inftituteurs d'Ordres religieux ont ordonné, comme acte d'humilité, le travail du corps : ils auroient pu y ajouter, par le même principe, celui de l'efprit.

Des hommes, qui paffoient leur vie à camper, toujours en corps d'armée, ravageant fucceffivement cent, deux cents lieues de pays, enlevant fans peine des biens tout façonnés, des moiffons, des troupeaux, que les propriétaires n'ofoient leur difputer ; ces barbares croyoient de bonne foi, que la nature les avoit faits pour jouir, les autres

______

(1) Ludolfi *Hiftor. Ethiop.*, 1681. L. I I. c. 12. 14. *Commentar.* 1691. p. 253.

pour travailler. La force attachée à leur état, le mal qu'ils pouvoient faire les rendoit grands aux yeux de la multitude : le commerce, qui ne fait que du bien, est resté dans l'avilissement.

§. V I.

Raisons morales & politiques contre le préjugé qui dégrade le Commerce & la Marine marchande.

En changeant d'habits, de modes, abandonnant les barbes de nos pères, le bon sens, au dix-huitième siècle, devoit nous dire de dépouiller aussi la rouille de leurs préjugés. Quoi ! toujours en maillot, toujours des langes, toujours les rêves de nos nourrices ! Les Anglois, les Hollandois, ont secoué, comme je l'ai dit, depuis long-temps le joug d'une opinion, aussi ridicule, qu'elle pouvoit être nuisible à leur intérêt : & ce sont leurs possessions en Amérique & dans l'Inde, qui leur ont principalement ouvert les yeux. Les mêmes raisons doivent enfin nous dégoûter d'une fantaisie, qui tient à l'enfance des Nations. Quoi ! il faudra que le Peuple, consumé de travaux, nud & mourant de faim, forme des établissemens pour élever la jeune Noblesse, mâle & fémelle ; que la brebis allaite le louveteau qui doit la dévorer ; que le Tiers-Etat nourrisse un Militaire, qui, à 50 ans, décoré de la croix, après vingt années de garnison, va se consacrer dans sa Province, à chasser le lièvre, & bâtonner le Paysan ! ce bras teint du sang de l'ennemi, n'est pas fait pour tenir l'équerre ni la balance. Il est vrai qu'en pareille main elle pourroit pencher.

Mais élevons - nous à des considérations plus importantes. Un Etat tel que la France, qui a plus de 300 lieues de côtes sur l'Océan, plus de 100 sur la Méditerrannée, ne peut se passer de Marine : celle des Anglois l'oblige d'en avoir une formidable ; & c'est dans le commerce, & le commerce le plus attendu, que ce dernier peuple puise les fonds né-cessaires pour former, recruter, armer ses nombreuses flottes ; c'est principalement le commerce qui, en temps de paix, lui pré-pare des Officiers habiles, des Matelots exer-cés. Cette ressource devient indispensable à la France, déja forcée, par sa position, d'entretenir 200,000 hommes de troupes de terre. Et le moyen de l'employer effica-cement, si le commerce est toujours un état bas !

La distinction de la Marine du Roi & de

la Marine marchande ; diftinction qui, dans
le temps où ils font les plus néceffaires,
étouffe le germe des Jean Barth, des Dugué-
trouin (1), des Labourdonnais, qui nous
met dans le cas de n'oppofer à toutes les
forces de nos ennemis, peut-être que la
dixième partie des nôtres, puifqu'il faut être
Noble, pour être Officier de la Marine du
Roi, tandis que tout Anglois, tout Hollandois peut l'être, même Amiral, dans la
Marine royale de la Nation (l'Amiral Ste-
wen, avoit été Matelot) ; & qu'ainfi c'eft
la Nation entjère qui nous attaque : cette
diftinction humiliante, qui frappe la profeffion, à caufe de la naiffance, vient encore
du préjugé de dérogeance, attaché en France
au commerce, & à ce qui y a un rapport
direct.

Cependant le fyftême de l'Europe eft formé : les puiffances, même de terre, veulent
avoir un commerce maritime (2) des vaiffeaux ; l'Empire, la Pruffe, des établiffemens
dans l'Inde : &, fans renoncer abfolument

---

(1) *Développement du fyftême de la Nobleffe Commerç.*
1757. II.*ᵉ* Part. p. 112. 113.

(2) *Gaz. de Fr., Vienne,* 7 Juin 1782. 22 Novembre
1781. *Cour. de l'Eur.* 23 Octobre 1781. *Gaz. de Fr.* 24
Juin 1783.

(22)

aux irruptions à la Tartare ; car le loup a peine à quitter son naturel ; on aime autant à recevoir le produit des terres, de l'industrie étrangère, en donnant le sien avec bénéfice, qu'à envahir le domaine de son voisin, comme faisoient les Germains, les Goths, les Huns, les Vandales. Tandis que le feu de la guerre embrasoit les Etats qui prétendoient partager l'Empire de la Mer, la Russie négocioit un traité de commerce avec le Portugal (1).

Ce progrès dans le moral des Nations Européennes, est le fruit, il faut le croire, des lumières du dix huitième siècle : & un préjugé directement opposé au bien qui se fait ailleurs sous ses yeux, préjugé né dans les siècles d'ignorance, contraire aux besoins de la nature, au simple bon sens, a subjugué, tient asservie une Nation instruite, humaine, raisonnable ! seroit-ce pour toujours ?

§. V I I.

Ce qui entretient le préjugé contre le Commerce.

La Noblesse, remarque fort bien le traducteur d'Ustariz (2), se plaindra des entraves

____

(1) *Gaz. de Fr. Cour. de l'Eur.* Octobre 1781.
(2) *Théorie & Pratique du Commerce & de la Marine,* 1753. p. 80. note (b).

mises au commerce, paroîtra defirer qu'on les ôte : vous lui montrez les Ordonnances de nos Rois ; & elle gémit du préjugé qui l'empêche de s'y conformer. Difons-le nettement : tel avouera, à la Cour, en riant, *qu'il eſt fils d'un roué* : il rougiroit de dire *qu'il eſt né d'un Marchand.*

Mais on ne fera plus étonné de voir la Nation en contradiction avec elle-même, avec fes lumières, fon propre avantage, quand on fçaura que le préjugé contre le commerce fe trouve confacré par un de fes premiers Ecrivains : je veux parler de M. de Montefquieu, malheureufement Gentilhomme & Magiftrat : or, on fçait que chaque condition a fon vice particulier, qui quelquefois va même jufqu'à obfcurcir la loi naturelle. Examinons en détail les affertions de cet homme célèbre.

§. VIII.

Réfutation de M. de Montefquieu.

Le Chapitre XIX, de l'*efprit des loix*, traite du *Commerce dans les Monarchies.*

» Il eſt contre l'efprit du commerce, felon

» l'illuftre Publicifte (1), que la Nobleffe le
» faffe dans la Monarchie. Cela feroit per-
» nicieux aux Villes, difent les Empereurs
» Honorius & Théodofe, & ôteroit entre
» les Marchands & les Plébéiens la faculté
» d'acheter & de vendre «.

Voici les termes de la loi (2) : *Nobiliores
natalibus, & honorum luce confpicuos, & patrimonio
ditiores, perniciofum urbibus mercimonium exercere
prohibemus, ut inter Plebeios & negociares facilius
fit emendi vendendique commercium.*

Il eft clair, qu'Honorius & Théodofe
n'interdifent ici le commerce qu'à la haute
Nobleffe, très-riche de patrimoine & confti-
tuée en dignité ; fans doute parce qu'il feroit
à craindre qu'elle n'employât fon crédit à accaparer, à gêner, forcer les Négocians. Cela
en effet, pourroit arriver, fi elle n'avoit affaire
qu'à des Roturiers : & encore, pourquoi le
refpect dû aux loix ne la retiendroit-il pas ?
le Noble fera obligé de fe conduire autrement, s'il opère avec des Négocians, Nobles
comme lui. Au refte, les Empereurs Honorius
& Théodofe nous montrent l'abus du pou-

_____

(1) *Efprit des Loix,* 1749. Liv. XX. c. 19. II*e*. Part.
p. 12. 13.

(2) *Codic. lib.* 4. *tit.* 63. *de Commerciis & mercatoribus* 3.

voir : & c'eſt l'emploi légitime de l'autorité
la conduite modérée des Nobles, qu'il faudroit mettre en oppoſition avec l'eſprit du
commerce.

» Il eſt contre l'eſprit de la Monarchie,
» continue M. de Monteſquieu (1), que la
» Nobleſſe y faſſe le commerce. L'uſage qui
» a permis en Angleterre le commerce à la
» Nobleſſe, eſt une des choſes qui a le plus
» contribué à y affoiblir le Gouvernement
» Monarchique «.

Ailleurs : » la (Monarchie) ne permet le
» commerce qu'au peuple (2) «.

Toujours, ſur cet article, de ſimples
ſuppoſitions. Le commerce procure des richeſſes ; il rend par-là l'homme plus libre,
plus indépendant des graces du Monarque.
Cela eſt vrai : & cet heureux effet du
commerce eſt un bien. Il ſuit de-là, que,
ſi l'eſprit de la Monarchie s'y refuſe, ce
genre de Gouvernement eſt mauvais en ſoi.
Mais il s'accorde très-bien, ſans s'affoiblir,
d'une Nobleſſe qui joint l'honneur, la fran-
chiſe, la liberté avec l'opulence. La Cour
du Monarque n'eſt pas un bagne d'Eſclaves.

____

(1) *Ibid.*
(2) *Id.* I. Part. p. 55. not. (*a*):

Lui rendre fuſpecte l'honnête liberté de l'homme riche, c'eſt attiſer la tyrannie.

Le Chevalier Temple, dans ſes *Obſervations ſur les Provinces-Unies des Pays-Bas* (1), montre clairement, par l'exemple de Bruges & d'Anvers, ſous pluſieurs Princes des Maiſons de Bourgogne & d'Autriche, qu'un commerce brillant s'allie très·bien avec une Monarchie réglée : cette profeſſion ne redoute que le pouvoir arbitraire & tyrannique.

Dom Joſeph de Veitia Linage, dans ſon *Traité du commerce d'Eſpagne, aux Indes Occidentales* (2), nous apprend qu'en Eſpagne le commerce de l'Inde, en gros, ne nuit pas à la Nobleſſe ; qu'*il y a des Nobles de Caſtille, qui trafiquent dans les Indes.*

Sully vouloit qu'on permît à la Nobleſſe ·de *trafiquer aux Pays étrangers ſur la mer* (3).

Enfin, le Maréchal de Vauban, qui ſe connoiſſoit auſſi bien en vraie Nobleſſe, qu'en économie politique, met au nombre des priviléges à accorder à la Nobleſſe, de *permettre aux familles incommodées, d'exercer le*

---

(1) En Angl. Londr. 1673. c. 6. p. 189. 190. *Traſ. du gr. Comm. des Holland.* &c. p. 15.

(2) *Trad. en Angl.* 1702. p. 81.

(3) *Développem.* cit. ci-dev. II. Part. p. 141. 145.

commerce en gros, comme on fait en Angleterre (1).

» Des gens, dit encore le Publiciste Fran-
» çois, frappés de ce qui se pratique dans
» quelques Etats, pensent qu'il faudroit,
» qu'en France, il y eût des loix qui en-
» gageassent les Nobles à faire le com-
» merce (2) «.

C'est donc la France, que M. de M. avoit
en vue, quand il a parlé de l'esprit du
commerce dans les Monarchies. Oui, il y
a dans cet Etat des loix qui engagent les
Nobles à faire le commerce : ce sont principalement les Ordonnances de Louis XIV,
publiées en 1669 & 1701. L'Edit de François I, en 1540, contre les Gentilshommes
tenant des Fermes, & exerçant le commerce (3), & l'Ordonnance d'Orléans, en 1560,
par laquelle Charles IX *défend à tous Gentilshommes...... le fait de trafique & de marchandise......
à peine..... d'être privés des priviléges de Noblesse,
& imposés à la taille* (4), se trouvent réformés
par les loix de Louis XIV. La matière avoit

---

(1) *Dixme Royale*, 1708. ch. 8. p. 205. art. 4.

(2) *Libr. cit*, c. 20.

(3) *Développem.* cit. ci-d. p. 112.

(4) *Somm. Expos. des Ordonn. du Roi Charles IX sur les
plaintes des trois Etats tenus à Orléans l'an 1560....* par
Duchalard. art. cx. fol. 180—181. Deux. Edit. Paris 1568.

donc été examinée à charge & à décharge : & c'eft un Magiftrat qui femble donner à entendre, que ces loix favorables au commerce n'exiftent point.

» Ce feroit, ajoute-t-il, (1) le moyen » d'y détruire la Nobleffe «.

L'efprit, les fonctions de la Magiftrature, de la Finance, de la Médecine, &c. font auffi propres que le commerce, à détruire la Nobleffe, confidérée comme Militaire : cependant les Nobles exercent ces Profeffions fans déroger.

Le commerce a-t-il détruit la Nobleffe en Angleterre ? Il l'a au contraire augmentée, en faifant de nouveaux Nobles, comme la Finance & la Magiftrature en font en France à prix d'argent.

Ce qui détruit réellement la Nobleffe, c'eft une bataille de Fontenay, de Créci, d'Azincourt, un règne de Louis XI, un miniftère de Richelieu.

» Sans aucune utilité pour le commerce, ajoute M. de Montefquieu (2).

L'utilité pour le commerce eft, 1°, un plus grand nombre de perfonnes bien nées, de gens de mérite, qui s'y livreront, l'Etat

____

(1) *Lib. cit.* p. 12. 13.
(2) *Id.* p. 13.

n'étant plus avili par le préjugé. 2°. Une plus grande force dans le corps du commerce, contre les invasions inteſtines du régime fiſcal, par le crédit & la diſtinction des perſonnes qui l'exerceront. 3°. Les fonds de la Nobleſſe, employés trop généralement au luxe, à la débauche, au jeu, à des dépenſes folles, & qui, placés dans le commerce, rendront à l'Etat ce que les Propriétaires reçoivent de la Cour, en graces, en faveurs, toujours payées par le Peuple : la caiſſe du Commerçant ne garderoit-elle pas auſſi-bien que celle des Receveurs-Généraux, les fonds en eſpèces du Noble, en lui donnant un intérêt honnête, pour les lui rendre au premier beſoin ?

» La pratique de ce Pays, dit l'illuſtre » Publiciſte, eſt très-ſage : les Négocians » n'y font pas Nobles ; mais ils peuvent le » devenir (1) «.

Si M. de Monteſquieu veut dire, qu'en France, le Noble ne peut pas être Négociant, il ſe trompe, pour le commerce de Mer & en gros, comme on le verra plus bas : & dans un homme de ſon état l'erreur a de quoi étonner.

____

(1) *Ibid.*

» Ils ont, ajoute-t-il, l'espérance d'obtenir
» la Noblesse, sans en avoir l'inconvénient
» actuel (1) «.

Si la Noblesse ordonne de rester les bras
croisés, dès qu'on n'est propre, ni à juger,
ni à tuer ; je conviens que c'est un inconvénient pour le commerce. Les vrais Nobles
n'avoueront pas cette obligation.

» Ils n'ont pas, poursuit M. de Montes-
» quieu, de moyen plus sûr de sortir de
» leur profession, que de la bien faire,
» ou de la faire avec bonheur ; chose
» qui est ordinairement attachée à la suffi-
» sance (2) «.

Et c'est parce qu'ils l'ont bien faite, qu'il
est de l'intérêt de l'Etat, qu'ils y restent,
mais honorablement. Une Profession qui
demande des talens, de l'expérience, de la
suffisance, qui tient aux ressorts du Gouvernement, a besoin d'hommes riches, heureux,
distingués. Quelle logique ! *Bien faire une Profession dérogeante est un moyen sûr d'obtenir la
Noblesse* ! La récompense doit toujours être
dans le genre de l'action, à laquelle elle est
accordée.

____

(1) *Ibid.*
(2) *Ibid.*

Mais pourquoi quitter une profeſſion honnête, honorable, lorſqu'on peut, pour le
bien de l'Etat, lui donner plus de reſſort,
plus d'étendue ? Il réſulte de cette tendance
continuelle à ſortir de ſa profeſſion, qu'on
n'y eſt pas heureux ; que des capitaux conſidérables, néceſſaires pour fonder une
fortune ſolide, brillante, pour former des
entrepriſes utiles à l'humanité, glorieuſes
pour la Nation, comme d'approviſionner
une contrée qui eſt dans la diſette, d'établir
& entretenir des Manufactures diſpendieuſes,
de faire des découvertes au Nord, au Sud ;
·que ces capitaux, enlevés au commerce,
vont ſe perdre dans une charge de Préſident,
l'équipage. & le train d'un Capitaine de
Cavalerie, acquitter par un mariage mal
aſſorti les dettes d'un homme de qualité, qui
le lendemain quitte ſa femme, & faire Comte
ou Marquis un petit-fils, qui abſorbe avant
quarante ans les biens immenſes d'un père
heureux. La flôtte de Saint-Euſtache, priſe
par M. de la Motte Piquet, faute d'acheteurs
aſſez riches en fonds, eſt obligée d'en aller
chercher à Oſtende (1).

Voit-on chez nous la Nobleſſe fonder des

----

(1) *Gaz. de Fr.*, Septembre 1781.

Hopitaux, des établissemens publics pour les pauvres, s'intéresser aux voyages de long cours, aux entreprifes difficiles, comme en Angleterre ? Le Gouvernement y fupplée.— Mais 1°. le Gouvernement a fouvent des dépenfes plus preffées, plus importantes pour le moment. 2°. Le Gouvernement vit d'impôts mis principalement fur le roturier laboureur, commerçant : c'eft donc, en dernière analyfe, celui-ci qui fonde tous ces établiffemens.

» Les Loix, dit M. de Montefquieu (1), » qui ordonnent que chacun refte dans fa » profeffion & la faffe paffer à fes enfans, » ne font & ne peuvent être utiles que dans » les Etats defpotiques, où perfonne ne peut » ni ne doit avoir d'émulation «.

Voilà qui eft dit bien Magiftralement. J'ai prouvé dans la *Légiflation Orientale* (2), que M. de Montefquieu s'étoit fait une idée très-fauffe de l'Etat defpotique. L'émulation doit fe trouver & fe trouve réellement plus ou moins dans tous les Gouvernemens, légaux ou illégaux : il fuffit, pour s'en convaincre, de faire un pas fur la terre, d'ouvrir les livres.

---

(1) *Ibid.*

(2) *Légifl. Orientale* &c. Amfterdam 1778. p. 2.

Mais

Mais il n'eſt pas néceſſaire au bien de l'homme, ni à la ſplendeur des Empires, que l'émulation conſiſte à deſirer de quitter l'état qu'on a embraſſé, dans lequel on réuſſit.

C'eſt une opinion très-fauſſe, & qui peut mener à bien des erreurs de conduite, de ne mettre l'émulation qu'au changement de profeſſion. Le changement eſt raiſonnable, il peut ou doit être deſiré quand une profeſſion eſt malheureuſe ou criminelle : mais lorſqu'elle eſt lucrative, honnête, légitime, la vraie émulation, utile à tout Gouvernement, eſt de chercher à y avancer, à y avoir le premier rang, à jouir des diſtinctions attachées à la probité, à l'honneur, à une conduite ſage, ſoutenue par des opérations liées avec le bien de la Nation ; mais ſans ſortir de ſon état, comme c'eſt l'uſage dans les Républiques bien réglées.

Les changemens que propoſe M. de Monteſquieu, font un mélange qui doit nuire à la ſociété. Tel Marchand devenu riche, quitte le commerce, achette une charge de Secrétaire du Roi, occupe enſuite une place conſidérable où il porte ſon premier eſprit, ſouvent fort étranger au poſte qui lui eſt confié.

Enfin jetons les yeux ſur les autres Profeſſions. Le Militaire avance en grade ; le Prêtre monte à l'Epifcopat ; le Magiftrat paffe d'un moindre Tribunal dans un plus grand. Pourquoi faut-il que le Commerçant quitte le commerce ? il jouira, dans fa Patrie, dans fa ville, de la confidération qu'il doit naturellement attendre de fon opulence & des reffources qu'il peut fournir à l'Etat, par fes fonds, fon crédit, fa correfpondance (1) ; il fera en cette qualité au Confeil des Rois, au Bureau du Commerce, au Tribunal du Confulat, confervant fes rapports avec l'intérieur du Royaume, avec l'Univers entier. Faites-en, lui ou fon fils, un Marquis, un Maître-des-Requêtes, il fera mauvais Noble, mauvais Magiftrat, mauvais Adminiftrateur ; & vous perdez le Commerçant.

Mais fi le commerce ne déroge plus en France, que cette Profeffion puiffe s'allier avec la qualité de Noble ; le Marchand, ne quittant plus fon état, appliquera à fes opérations tous les avantages qu'il aura pu tirer du commerce. Le fils, inftruit par le père, avec fes fonds, fon crédit, fera des affaires quadruples ; au lieu que, dans le

---

(1) March..... Belloni *de Commercio Differtatio.* 1750. p. 67-69.

(35)

préjugé actuel, c'est toujours à recommencer
avec de foibles capitaux.

Je dis donc, au contraire de M. de Montefquieu, que les loix qui ordonnent que chacun
reste dans fa Profeffion & la faffe paffer à fes
enfans, ne font & ne peuvent être *nuifibles*
que dans les Etats defpotiques, tels qu'il les
entend. Elles procurent des richeffes, affu-
rent & perpétuent des fonds confidérables,
donnent par - là de la puiffance, de la
force ; & fon defpote ne veut que des fujets
au berceau, des efclaves, des troupeaux
d'hommes qu'il puiffe mener à la laiffe, à
la baguette.

» Qu'on ne dife pas, c'est toujours M. de
» Montefquieu qui parle (1), que chacun fera
» mieux fa profeffion, lorfqu'on ne pourra
» pas la quitter pour une autre. Je dis qu'on
» fera mieux fa Profeffion, lorfque ceux qui
» y auront excellé, efpéreront de parvenir
» à une autre «.

La première propofition, celle qu'attaque
M. de Montefquieu est de toute vérité. *Age
quod agis*. L'attente du changement diftrait.
Dans le cours d'une fortune brillante &
folide, avec le talent de la chofe, des con-

____

(1) *Loc. cit.*

C 2

noiſſances analogues, on eſt tout plein du nouvel état qu'on projette ; & c'eſt toujours aux dépens du premier. Le Membre de l'Académie des Sciences, ou de celle des Belles-Lettres, qui viſe à l'Académie Françoiſe, renonce inſenſiblement au travail des deux premières Académies, pour ſe livrer aux ouvrages, au genre de compoſition qui caractériſe la troiſième.

La deuxième propoſition, celle du Publi-ciſte François, eſt de toute fauſſeté. Il faut s'eſtimer ſoi-même, ſe croire quelque choſe pour réuſſir. Mais puiſque l'on eſt obligé de quitter ſon état pour avoir une exiſtence honorable, être conſidéré, reſpecté, comment un homme de mérite, une ame noble y reſtera-t-elle, ou même s'y perfectionnera-t-elle ? Le Juge, l'Avocat, s'appliquent-ils à leur profeſſion, pour obtenir un Pôſte Militaire ? L'émulation bien entendue, on l'a dit plus haut, doit être du moins au plus, dans le même genre : ici c'eſt de rien (le commerce) à quelque choſe. L'homme qui a nourri ſon pays, eſt réhabilité comme s'il avoit commis un crime : & c'eſt parce qu'il l'a commis *dans ſa plus grande atrocité*, parce qu'il *a bien fait ou avec honneur la profeſſion de Marchand*, qu'il eſt *réhabilité !*

Jufqu'ici on n'a peut-être pas préfenté avec affez de force, l'étonnante contradiction qui fe trouve dans ce qui fe dit & fe fait en cette matière (1).

» L'acquifition, ajoute M. de Montef-
» quieu (2), qu'on peut faire de la Nobleffe
» à prix d'argent, encourage beaucoup de
» Négocians à fe mettre en état d'y parvenir.
» Je n'examine pas fi l'on fait bien de donner
» ainfi aux richeffes le prix de la vertu : il y
» a tel Gouvernement où cela peut être
» utile «.

On eft fâché de voir, dans un Ouvrage donné comme philofophique, où l'on s'attend à trouver des principes fains, puifés dans la Loi naturelle, d'y voir des réticences criminelles fur les objets qui importent le plus à l'humanité, à la fociété.

Je n'examine pas fi l'on fait bien de donner aux richeffes le prix de la vertu ! Qui donc l'examinera, & quand l'examinerez-vous ?

-----

(1) On peut lire fur cet objet les bons Ouvrages de M. l'Abbé Coyer. *La Nobleffe commerçante*, deux. Edit. 1756. La défenfe de cet Ouvrage, ou *Développemens du fyftème de la Nobleffe commerçante*, 1757 : & les différentes réponfes qu'on a faites à ces deux Traités. Il s'eft dit des deux côtés beaucoup de vérités.

(2) *Loc. cit.*

Cela peut être utile à tel Gouvernement : dès lors, plus d'examen : ce qui est utile est bien ; les Iroquois *font bien* de manger leurs prisonniers ; le commerce des Nègres est une *bonne chose ;* & les Chanoines de Saint-Claude ont raison de ne pas affranchir leurs main-mortables (1), quoique le Roi leur en ait donné l'exemple pour ses domaines, en 1779.

Certainement, rien de plus injuste en soi, & à la longue de plus dangereux pour tout Gouvernement, que de donner aux richesses le prix de la vertu : que deviendra alors la vraie émulation ?

Mais il est faux que la Noblesse, telle

_____

(1) »Qu'on éteigne par tout la main-morte servile, »attendu que cet abus, par une suite duquel les Serfs »n'ont ni la faculté de tester, ni celle de changer de » domicile, ni celle de choisir un domicile à leur gré, » exposé d'ailleurs les gens de cette malheureuse condition » à être partagés comme un vil bétail, quand leur père est » main-mortable d'une Seigneurie, & leur mère main-» mortable d'une autre, qu'il est par conséquent con-» traire au droit naturel & à la liberté générale des ci-» toyens, aux loix du Royaume & à l'intérêt public, & »qu'on ne peut à ce moyen le considérer que comme » le fruit de la violence & de l'oppression«. *Cahier de la Chambre du Tiers-Etat du Bailliage Royal du Nivernois, à Saint-Pierre-le-Moutier,* p. 39. n°. 70.

qu'on l'entend ici, foit le prix néceffaire, le vrai prix de la vertu. Un Citoyen peut, fans exemptions, fans priviléges; ce qui tourne néceffairement à la charge du pauvre, le revenu de l'Etat devant toujours être le même; il peut, fans ces droits féodaux, ces fervitudes, qui abîment les campagnes, étouffent les germes confiés à la terre; il peut, fans ces Juftices Seigneuriales, qui courbent éternellement le François, l'homme des champs, fous le joug d'un particulier, d'un fujet : il peut enfin, fans décoration étrangère à fa profeffion, jouir de la confidération due à la probité, au mérite, aux talens: la fortune eft une feconde récompenfe, fi ç'en eft une; la confcience donne la première.

Sur cela, je ferai une obfervation. Autrefois la Nobleffe fervoit à fes frais : l'équité vouloit donc qu'on la dédommageât par des priviléges. Maintenant, que Nobles & Roturiers, tous, à la guerre & dans les tribunaux, reçoivent la folde de l'Etat, les exemptions font injuftes. Or un prix injufte eft indigne de la vertu : c'eft même un vol réel ; voilà la dérogeance prife dans la vraie acception du terme, *dérogeance à la vertu*.

Je reviens à M. de Montefquieu. Il eft

certain que le defir d'acquérir la Nobleffe,
c'eft-à-dire, de quitter fa profeffion, peut
encourager tel Négociant : mais il faut dire,
en même-temps, que cette vue peut auffi
nuire confidérablement au commerce & à
la probité. On emploie toutes les voies poffi-
bles, honnêtes & autres, pour avoir de quoi
acheter l'Ennobliffement. On renonce enfuite
à un état où l'on ne peut plus refter, pour en
prendre un où l'on n'eft pas connu. Le Négociant qui garde fa profeffion, eft plus fcru-
puleux *fur les moyens de parvenir*, parce qu'il a
befoin de fon crédit : il eft jugé par fes Pairs.

Le morceau de M. de Montefquieu que je
viens de rapporter, eft fuivi d'un éloge de la
Robe & de la Nobleffe, avec quelques critiques qui le rendent moins rebutant. (1). Il
peint les ridicules de celle-ci, ajoute que
*toutes ces chofes ont néceffairement contribué à la
grandeur du Royaume*, & conclut que la prof-
périté de la France vient de la bonté de fes
loix, & non de la fortune. Donc, dira quelqu'un, les Loix, en France, défendent tout
commerce à la Nobleffe, même en gros &
fur mer : cependant, on verra bientôt que

____

(1) *Ibid* & p. 14.

la défense ne porte que sur le commerce en détail.

§. I X.

Esprit de M. de Montesquieu.

M. de Montesquieu a un art particulier à développer les passions, à en suivre le jeu, les progrès; à saisir le caractère des Nations, leurs intérêts propres, à les accompagner en quelque sorte dans leur marche, leurs procédés, liés aux loix, aux coutumes de chaque contrée; à découvrir les motifs, assigner les causes, deviner, prévoir les effets. Ses *considérations sur les causes de la grandeur des Romains & de leur décadence*, sont un chef-d'œuvre en ce genre : c'est vraiment l'ouvrage d'un homme de génie.

Mais accoutumé à considérer ces grands mouvemens qui entraînent l'espèce humaine; & c'est le défaut trop général des Ecrivains qui ne s'occupent que de révolutions; le Publiciste François a insensiblement perdu de vue les vrais principes du juste, de l'injuste, du droit de la nature, de celui de l'humanité. Les succès d'un peuple, prouvent chez lui, que son administration est bonne : mais il faut entendre par le mot *bonne*, qu'elle l'est relativement, qu'elle conduit au but : il dira de même qu'elle eſt mauvaiſe, ſi ce peuple eſt malheureux. Dès que les hommes réunis en ſociété, les Tribunaux, les Empereurs parlent, ils ont raiſon.

C'eſt ce genre d'eſprit que n'ont pas ſaiſi ceux qui reprochent à M. de Monteſquieu d'attaquer la Religion. Il rapporte les faits, ce qu'ils ont produit : voilà ſa marche. Mais l'effet réſultant de ces faits eſt-il en lui-même bon ou mauvais ? M. de Monteſquieu ne va pas juſque là. Le ſuicide étoit permis chez les Romains (1) ; la facilité de ſe délivrer d'une vie malheureuſe, d'éviter par ce moyen la honte, les ſupplices, a fait des héros, des hommes fiers, ce qu'on appelle de grandes ames, & ſoutenu l'Empire : le fait eſt certain. Le Chriſtianiſme défend le ſuicide. L'humilité, la douceur de l'Evangile, en amoliſſant ces ames féroces (2), cruelles, en prêchant l'égalité entre les hommes ; l'amour du prochain, des ennemis mêmes, n'a pas diminué le vrai courage : mais elle l'a guéri

______

(1) *Conſidérations ſur les cauſes de la grandeur des Romains, & de leur décadence.* 1744. p. 130. 131. *Eſprit des Loix*, deuxième Part. 247.

(2) *Id.* p. 192. 193. note.

de cette enflure, de cette foif de conquêtes, qui le portoit à fe gorger du fang de l'univers. Second fait également certain. Si M. de Montefquieu avoit dit que, par-là, l'Evangile, contribuant à l'affoibliffement de l'Empire Romain, avoit délivré le monde d'un joug, que la violence, l'efprit de rapine, d'envahiffement, la cruauté politique lui avoit impofé, rendoit de jour en jour plus accablant ; on lui auroit obligation d'une vérité importante, & bien chère à l'humanité.

Ces Empires immenfes ne font pas dans la nature. Je les comparerois à ces grandes Terres, que l'on forme d'une vingtaine de Seigneuries particulières. Les Châteaux font abattus, les Fermiers difperfés ; la population difparoît. Un vafte défert, fous la verge d'un Régiffeur, à la tête de deux ou trois gros Fermiers, annonce un Seigneur puiffant, dont le fils fera peut-être dépouillé par ce riche Intendant. Le produit des terres, pour le Propriétaire & le Régiffeur, eft enlevé à la campagne & porté dans les villes, où il alimente le luxe. Le bonheur de l'endroit feroit (& le Ciel le permet quelquefois) qu'à la mort du Seigneur, la Terre démembrée formât, comme dans l'origine, vingt

Domaines particuliers , habités par autant de familles & de Fermiers.

Voilà l'Empire Romain , ce monſtre dé-vorant, qui prétendoit droit de conquête ſur tout voiſin riche , puiſſant, ſur tout peuple dont la renommée parvenoit juſqu'à lui. La Religion Chrétienne , qui ne reſpire que le bien de l'homme, a détendu ces courages atroces. Les Peuples du Nord , vengeant la cauſe de l'Univers, ont démembré ce corps énorme : c'étoit remettre les choſes dans l'ordre. Mais le genre d'eſprit de M. de Monteſquieu n'étoit pas d'enviſager les évè-nemens ſous ce point de vue. Il ſuit de là , que le caractère, qui a fait réuſſir ce grand Ecrivain dans ſon premier Ouvrage, devoit le faire échouer dans le ſecond ; où il ne ſuffiſoit pas de citer les Ordonnances des Empereurs ; dans lequel, avec cette lie de loix, qui ſouvent fait honte aux connoiſſances humaines, on s'attendoit à trouver un triage , des principes, un jugement indépendant des uſages, du ſuccès, des déciſions, des Juriſ-conſultes.

Et c'eſt ce qui manque à l'*Eſprit des Loix* ; titre exact, ſi l'Auteur a voulu dire, l'eſprit qui en a dicté un trop grand nombre ; titre faux, s'il a entendu l'eſprit que toutes de-

vrolent refpirer pour le bien de l'homme en
fociété. Auffi l'Auteur a-t-il approuvé ou
pallié des vices, des préjugés, des loix,
contre lefquels la faine philofophie doit éternellement réclamer. Ce font des monftres,
dont le venin peut infecter les perfonnes
chargées de l'Adminiftration, influer par-là
fur les grands & les petits, troubler les états,
les conditions, & dont il faut abattre chaque tête à mefure qu'elle reparoît. Em-
ployons dans ce combat l'arme puiffante que
nous offrent les Ordonnances de nos Rois.

§. X.

*Ordonnance de Louis XIV, fur le Commerce de Mer
& en gros, avec des Obfervations.*

Les Edits de Louis XIV, des années 1669
& 1701 , foudroyent le préjugé contre le
commerce, & font un préfervatif fouverain
contre l'apologie de ce préjugé que M. de
Montefquieu a cru pouvoir hafarder.

Nous allons les rapporter, en nous per-
mettant des réflexions, des remarques, qui,
fans bleffer le refpect, la foumiffion dûe
à tout ce qui émane du Souverain, peuvent donner des vues utiles, & amener un

changement que les circonſtances ſemblent demander.

Obſervons d'abord que Louis XIV étoit petit-fils de Marie de Médicis, & deſcendoit par-là d'un Marchand de Florence illuſtré : perſonne, je crois, ne ſe croira plus Noble que ce grand Monarque.

C'eſt Colbert, le génie des ſciences, des arts, des manufactures, du commerce, pour la France ; diſons, pour l'Europe, par les ſuites qu'a eues la révocation de l'Edit de Nantes ; c'eſt Colbert qui parle dans la première Ordonnance, par la bouche de Louis XIV.

§. X I.

Edit du mois d'Août 1669, qui permet le Commerce de Mer à la Nobleſſe.

» Louis &c. (1) : comme le commerce,
» & particulièrement celui qui ſe fait par
» mer, eſt la ſource féconde qui apporte
» l'abondance dans les Etats, & la répand
» ſur les ſujets, à proportion de leur induſtrie
» & de leur travail, & qu'il n'y a point de

______

(1) Forbonnais, *Recherches & Conſidér. ſur les Finances de France*, depuis 1595 juſqu'en 1722. 1758. T. III. p. 4.

» moyen, pour acquérir du bien, qui foit
» plus innocent & plus légitime : auffi a-t-il
» toujours été en grande confidération parmi
» les Nations les mieux policées, univer-
» fellement bien reçu, comme unè des plus
» honnêtes occupations de la vie civile «.

Le commerce, répétons-le, *eſt une des plus honnêtes occupations de la vie civile* ; c'eſt un moyen *innocent, légitime* de s'enrichir, & il a toujours joui d'*une grande confidération* chez les Peuples policés.

Ainfi s'exprime, fur la nature du commerce, le Monarque qui, peut-être, a le mieux fenti la Majeſté du Trône, & faifi avec plus de grandeur la dignité du Peuple auquel il commandoit. Si l'état de Commerçant avilit le François, il n'y a que la lie des fiècles barbares qui ait pu enfanter une pareille erreur. L'autorité du Prince, qui fur ces matières, fait tout en France, va la diffiper.

Louis XIV continue (1). » Mais quoique
» les Loix & les Ordonnances de notre
» Royaume n'aient proprement défendu aux
» Gentilshommes, que le trafic en détail,

----

(1) *Lib. cit.* p. 40. 41.

» avec l'exercice des Arts méchaniques, &
» l'exploitation des Fermes d'autrui.

Le mot *proprement* explique la défenfe générale portée par l'Edit de François I, & l'Ordonnance de Charles IX. On pouvoit par erreur l'entendre de tout trafic. Louis XIV en fixe ici le fens : il n'eft queftion que du *trafic en détail.*

Mais, 1°, je le demande, peut-il y avoir trafic en gros, fans trafic en détail : l'un & l'autre font liés & s'amènent néceffairement. Un particulier n'achetera pas pour fon ufage une pièce de drap, un tonneau de fucre, une balle de coton : il faut donc lui donner fimplement la portion qui lui eft néceffaire ; de là l'obligation de vendre en détail. Le bon fens fouffre réellement d'être forcé de préfenter de pareils développemens.

2°. L'Art de la Verrerie eft certainement un Art méchanique ; cependant ceux qui l'exercent (les Gentilshommes Verriers) ne dérogent point : ainfi l'Ordonnance n'eft pas générale.

Mais je voudrois qu'on me montrât ce qu'il y a de deshonorant à faire un habit, des fouliers (1), à fabriquer des étoffes, à

---

(1) Un Arrêt du Confeil de Caftille a fait ceffer le
tailler

tailler une pièce de bois pour la charrue, pour la charpente d'une maison ; à forger, façonner le fer qui lie cette charpente , qui ouvre le sein de la terre, pour qu'elle reçoive la semence qui donne des armes pour la défense de l'Etat , qui entre dans la construction du moulin où le grain se réduit en farine ; c'est-à-dire, ce qu'il y a de deshonorant à travailler pour couvrir le corps de son frère, pour le loger, le nourrir, lui fournir les instrumens avec lesquels il rendra la terre féconde, protégera la Patrie contre l'ennemi, le foible contre le violent, le ravisseur. Le prix donné au travail de l'Ouvrier, n'est que la paie du Militaire, Soldat ou Maréchal de France.

Le Soldat ne déroge pas, en taillant & plantant les palissades du camp, en fichant les piquets de sa tente ; & le charpentier qui lui prépare une maison où il se remettra de ses fatigues, déroge ; l'Armurier, de qui il reçoit la cuirasse qui lui sauve la vie, déroge ! Le Maçon qui construit l'Hopital où l'humanité souffrante trouve un refuge assuré, qui élève ce sanctuaire où les loix sauvent l'innocent & font pâlir le coupable, déroge !

préjugé qui, en Espagne, rendoit ces arts méchaniques deshonorans jusque dans les villages. *Gaz. de Fr.* 16 Mai 1783.

D

Pouffons plus loin nos réflexions. L'Académie des Sciences préfente au Roi la defcription des Arts méchaniques avec les planches. Ce travail ne peut être fait exactement que par un homme du métier, qui ayant des lumières fupérieures à la fimple pratique, s'applique par goût à fa profeffion : & parce qu'un Citoyen s'eft mis en état, par un travail raifonné, de fatisfaire aux vues du Gouvernement, il déroge : c'eft un Artifan.

La langue Françoife diftingue l'Artifan de l'Artifte ; le premier exerce une profeffion néceffaire, & déroge ; le fecond, peut-être une fimple profeffion de fantaifie, d'agrément, & ne déroge pas.

En Angleterre, il y avoit, en 1761, un Lord d'Ecoffe, qui faifoit des culottes de peau & les vendoit. Cette occupation ne lui ôtoit pas fa qualité de Lord, parce que, chez un Peuple fage, il n'y a que la corruption des mœurs, & la profeffion qui en dérive, ou qui y mène directement, qui méritent une tache flétriffante (1).

____

(1) En Angleterre, après la *reftauration*, on vit des fils de Gentilshommes, Chevaliers, Baronets, Apprentifs dans les boutiques ; même le fils d'un Comte, Pair du Royaume, *affujetti à l'apprentiffage d'un métier*. Chamber-

(51)

Les anciens Rois de Perfe, de la race de Féridoun, 1400 ans avant Jefus-Chrift, faifoient gloire de devoir la Couronne à *Kavé ahanguer*, c'eft-à-dire, *Kavé l'ouvrier en fer*, qui avoit délivré l'Empire de la tyrannie de *Zohâk* : ils portoient pour drapeau National, le tablier de cuir de ce forgeron (1).

3°. Les Fermiers du Domaine, les Fermiers-généraux, exploitent les Fermes d'autrui, & ne dérogent pas. Où peut être la différence ? ceux-ci ont plus d'avidité, s'enrichiffent plus aifément : affurément, ce n'eft pas là une raifon de les favorifer.

L'objet, dira-t-on, dans ces grandes Adminiftrations, annoblit la profeffion : les Valets du Prince font Officiers.

Que l'on demande à cette mère tendre, qui tremble pour les jours d'un fils chéri, à cette Princeffe (feu Madame la Dauphine, mère du Roi), qui ne refpire que pour fon augufte Epoux, fi les foins auxquels elles fe livrent, les fervices qu'elles rendent, comme la garde la plus vigilante, leur paroiffent

---

layne, *Etat préfent de l'Angleterre.* trad. Fr. 1788, prem. Part. p. 330. *Londres*, 1774. T. I. p. 279. 280.

(1) *Mémoires de l'Acad. des Bell. Lettres.* T. XL. p. 458. 464.

D 2

humiliants. Non, ils ne le font pas. Il n'y a
de bas que le crime & l'orgueil du Grand,
que le hafard a fait fortir du flanc d'une
Ducheffe, & qui prétend, à ce titre, être
au-deffus des loix communes à tous les
hommes.

Mais un état criminel, aviliffant, ne s'ennoblit point par les rapports qu'il peut avoir
au Souverain : le Proxénète d'un Roi eft
infâme comme celui du riche parvenu ?
l'efclave d'un Roi ne diffère pas de l'efclave
d'un particulier ; des deux côtés perte égale,
celle de la liberté.

Je ne parle pas ici de cette condition
malheureufe, fruit de la violence, qui n'a
abfolument, en elle-même, rien de deshonorant, dont les Nations les plus policées ont
peine à abolir la trace, qu'elles perpétuent
(1), par un vil intérêt, dans leurs Colonies.
Les hommes naiffent tous égaux, contre
ce qu'on ne rougit pas d'avancer dans des
ouvrages prétendus philofophiques (2).

____

(1) Voyez la *Réponfe à l'Ecrit de M. M.alouet fur
l'efclavage des Nègres, dans lequel eft exprimé le vœu formé
par les Colons d'avoir des Repréfentans aux Etats-Généraux.
Par un Membre de la Société des Amis des Noirs. 1789.*

(2) L'Auteur de *l'Hiftoire Philofophique & Politique des
Etabliffemens, & du Commerce des Européens dans les deux*

Remontons à l'origine des chofes. Il y a dans tout état des Propriétaires, & des hom-

---

Indes, traitant, dans un Supplément (1781. p. 36-37.), des caufes & des motifs de la révolution de l'Amérique, s'exprime ainfi : » On a dit que nous étions tous nés » égaux ; cela n'eft pas. Que nous avions tous les mêmes » droits ; j'ignore ce que c'eft que des droits, où il y a » inégalité de talens ou de forces, & nulle garantie, nulle » fanction. Que la Nature nous offroit à tous une même » demeure & les mêmes reffources : cela n'eft pas. Que » nous étions doués indiftinctement des mêmes moyens » de défenfe : cela n'eft pas ; & je ne fais pas en quel fens » il peut être vrai que nous jouiffons des mêmes qualités » d'efprit & de corps.

» Il y a entre les hommes une inégalité originelle, à » laquelle rien ne peut remédier. Il faut qu'elle dure éter-» nellement. Et tout ce qu'on peut obtenir de la meilleure » Légiflation, ce n'eft pas de la détruire, mais qu'elle » empêche les abus. En partageant fes enfans en marâtre, » en créant des enfans débiles & des enfans forts, la » Nature n'a-t-elle pas fourni elle-même le germe de la » tyrannie? Je ne crois pas qu'on puiffe le nier ; fur-tout fi » on remonte à un temps antérieur à toute Légiflation, » temps où l'on verra l'homme auffi paffionné, auffi dé-» raifonnable que la brute.

» Que les Fondateurs des Nations, que les Légiflateurs » fe font-ils donc propofé? d'obvier à tous les défaftres » de ce germe développé, par une forte d'égalité artifi-» cielle, qui foumît fans exception les membres d'une » fociété à une feule autorité impartiale «.

Les cheveux dreffent à la tête quand on voit avancer

mes, qui n'ont pour vivre que leurs bras,
leur induftrie. L'amour de l'humanité, l'ordre demande qu'on établiffe entre ces deux
claffes des rapports de compenfation : autrement, tout fera donc dans la fociété contre
le pauvre.

---

froidement, d'un ton décifif, que *l'inégalité eft originelle
& le fera éternellement* parmi les hommes; que l'*égalité*
n'eft réellement, ne peut être qu'*artificielle; que* la Nature
a fourni elle-même le germe de la tyrannie, en créant des
foibles & des forts. Jufqu'ici l'opinion générale avoit été
que les forts exiftoient pour le foutien des foibles, & non
pour les manger; comme les grands chiens, les grands
loups, les grands lions, ne mangent pas les petits. On fait
qu'un léger changement d'humeurs dans le corps de
l'homme, un accident dans la machine, une différence de
climat, changent la force, les talens, font un hébêté du
plus grand efprit; rendent la mémoire à celui qui l'avoit
perdue; que l'éducation & les bonnes inftitutions, donnent à telle génération d'hommes une face nouvelle, &
que jamais les foins qu'on a pris des animaux, n'ont fait
difparoître l'*inégalité originelle,* la différence effentielle qui
fe trouve entre la brute & l'homme. Les principes de
l'Auteur font ceux des Efpagnols & des Portugais, en-
chaînant, détruifant les Indiens en Amérique; des Jé-
fuites, pendant leur empire du Paraguai. Auffi donne-t-il
des éloges outrés au gouvernement de ces Pères dans
cette contrée; avançant comme une vérité certaine, *que
l'efprit de propriété arrête la fécondité de la Nature. Hift.
Philof. &c.* 1770. T. III. lib. VIII. p. 256.

Le Propriétaire, obligé de réfider dans une grande Ville, où il reçoit un falaire, pour établir, conferver, en qualité de Gouverneur, de Magiftrat, la paix entre fes Concitoyens, les défendre contre l'injuftice ; obligé de fe tranfporter fur les frontières où il reçoit, comme Soldat, comme Général, une paye, pour protéger, aux dépens de fa vie, contre l'irruption de l'ennemi, les travaux de la campagne, le repos des Cités ; obligé, comme Miniftre de la Religion, de fe livrer à des fonctions qui demandent l'homme entier, & pour lefquelles il reçoit une rétribution ou en biens fonds ou en argent : ce Propriétaire rend une portion de ces honoraires au Citoyen qui fe charge en fon abfence, ou fimplement à fa place, de gérer fa propriété, qu'il exploite en fon nom : ou bien il en partage avec lui le rapport. De cette manière la diftribution naturelle & jufte des biens de la terre, s'établit par dégrés. Celui qui veille aux habits des Chaffeurs, à la garde du camp, partage également avec la troupe qui a chaffé ou combattu.

Il n'a pu venir dans la tête qu'à des brigands, qui n'employoient à l'exploitation des Fermes, au commerce, que des efclaves, des affranchis, d'avilir ces professions. La tache imprimée à l'Office est venue de l'état antérieur des personnes qui l'exerçoient, & non de la chose même.

§. X I I.

Origine des trois Ordres, en France.

C'EST au même principe qu'on doit attribuer la distinction des trois Ordres, telle qu'elle existe maintenant en France. Sous les deux premières races, le Clergé & la Noblesse existoient ; les grands, Evêques, Abbés, Militaires, entroient au Conseil du Prince, avoient part au Gouvernement de l'Etat. Ils jouissoient d'une prééminence, d'une considération attachée à la dignité, à l'importance, plus ou moins grande de leurs fonctions. Mais dans les Assemblées générales de la Nation, tout étoit confondu ; chacun opinoit pour soi, & n'avoit qu'une voix. C'est sous la troisième race, à l'établissement des Communes, au commencement des affranchissemens, que se sont formés ces trois Ordres. Le Noble, en donnant la liberté à 200 serfs, à un Village, s'est prétendu seul égal aux 200 serfs, au Village entier ; le Clergé, alors riche, jouissant de

toũs les droits des Seigneurs laïques, a établi
la même prétention. Le Peuple, étonné de
se voir libre, portant encore sur son corps
la marque des fers laïques & religieux, a
consenti à tout, s'est même trouvé heureux
de pouvoir stipuler à part & seul ses intérêts :
de là se sont formés trois Ordres distincts,
avec droit égal de résistance, indépendam-
ment du nombre : par l'abus, avec le temps,
les Nobles non-propriétaires de fiefs, les
Ecclésiastiques sans bénéfices, se sont im-
miscés aux deux premiers Ordres.

Qu'on se représente une armée, où, pour
délibérer, les Officiers seroient d'un côté,
les Aumôniers de l'autre, les Soldats formeroient un troisième Ordre ; un Tribunal,
où les Présidens en corps auroient une voix,
& les Conseillers une autre.

Cependant, les Officiers, Militaires, Religieux, Légistes, sont, dans l'Etat, pour le service de l'Etat ; ils sont nécessairement en
moindre nombre que le reste de la Nation ;
& n'en sont distingués que par ce service. Comment peuvent-ils s'en séparer, au point de se
croire seuls, autant qu'elle ? Ils ne sont ce
qu'ils sont que par elle & pour elle. Le Peuple, s'il se trouve seul, nomme ses chefs,
& n'a plus besoin de ces Officiers qui quittent

leur troupe. La tête, féparée du corps, n'eſt plus tête.

On a bien vu, ſous les deux premières races, & l'on voit encore, dans tous les Etats, des perſonnes de même condition, profeſſion, ſe retirer à part, pour diſcuter des intérêts qui leur ſont particuliers : mais non oppoſer, de droit, leur vœu réuni, formant une voix contre celui du reſte de la Nation, ne formant de même, de droit, qu'une ou deux voix.

Cette diſtribution monſtrueuſe n'eſt venue & n'a pu venir que de l'eſclavage né du règne féodal. Mais l'eſclavage & tout ce qui y a rapport a ceſſé, ou du moins a dû ceſſer en France ; il faut donc que les abus, les préjugés qui en dérivent, éprouvent le même changement.

X I I I.

Suite de l'Edit de 1669.

LOUIS XIV continue : (1) » (Quoique) » la peine des contraventions aux Règlemens » qui ont été faits pour raiſon de ce, n'ait » été que la privation des priviléges de No-

____

(1) *Lib. cit.*

» bleffe, fans une entière extinction de la
» qualité ; que nous nous foyons portés bien
» volontiers , ainfi que les Rois ros Pré-
» déceffeurs, à relever nos Sujets de ces
» dérogeances «.

Il eft donc certain, aux termes de l'Edit
de Louis XIV, que le Gentilhomme qui
fait le commerce en gros, en détail, *ne perd
pas entièrement fa qualité :* il eft feulement privé
des priviléges de la Nobleffe ; cela vient :

1°. De ce que l'action, bonne en foi,
n'eft qu'une fimple contravention aux Ordonnances.

2°. De ce que la qualité de Gentilhomme
eft indélébile. Les Rois ne peuvent pas faire
qu'un de leurs Sujets, quel qu'il foit, n'ait pas
pour dernier ayeul connu un Gentilhomme.
Voila ce que j'entends par Gentilhomme :
chofe en foi bien vuide, infiniment au-deffous
de la *qualité d'homme*, & abfolument nulle
dans le Chriftianifme, où nous croyons tous
defcendre d'un feul & même homme (1).

Les Rois ne peuvent pas non plus faire
un Gentilhomme, c'eft-à-dire, que celui
qu'ils annobliffent ne defcende pas d'ayeux

____

(1) *Recherches Hift. & Géograp. fur l'Inde.* Berl. 1786.
Prem. Part. p. 206. 207.

roturiers, que le fils d'un Vinaigrier de Paris ait droit, le préjugé fubfiftant, de figner comme Noble, à l'Affemblée de tel ou tel Bailliage.

Suite de l'Edit de 1669.

» Que par la Coutume de Bretagne (1),
» & par les priviléges de la Ville de Lyon,
» la Nobleffe & le Négoce aient été rendus
» compatibles (2) «.

C'eft encore la prétention de Marfeille, & l'opinion reçue affez généralement en Normandie (3), où les cadets, dépouillés inhumainement par la Coutume, font obligés, pour vivre, de braver le préjugé. C'eft peut-être, avec la Bretagne, la Province qui a fourni & qui fournit encore le plus d'hommes courageux & inftruits, pour les voyages de long cours, les découvertes, les entreprifes périlleufes.

Au refte, on peut fe tranquillifer fur la crainte de voir finir en France la génération

---

(1) Voyez auffi la Coutume de Troyes. Grofley. *Londres.* Deuxième Edit. 1774. T. I. p. 280 & note (a). *Développem.* &c. p. 112.

(2) *Lib. cit.*

(3) *Nobleffe commerçante*, p. 173.

Militaire & Jurifconfulte, fi le commerce y
eft permis à la Nobleffe ; la Monarchie, à
caufe de l'Allemagne & de l'Italie, étant
établie fur l'efprit guerrier ; & les procès
devenus malheureufement une occupation
néceffaire.

Les Puiffances Angloife & Hollandoife,
fe font formées par les armes, fe foutiennent
par le commerce ; & nous avons autant de
côtes en activité que la première, & beaucoup
plus que la feconde, ce qui demande, comme
je l'ai dit au commencement de cet Ouvrage,
une Marine forte, nombreufe, un commerce
étendu & floriffant. Mais comme la France
renferme autant de Peuples que de Provinces,
différenciés par les goûts, les coutumes, les
préjugés, les intérêts ; que la Cour de nos
Rois eft Militaire, & que la Robe, par fes
alliances, & l'importance de fes fonctions,
y jouit de la plus haute confidération ;
jamais l'abolition du préjugé, contre le
commerce ne nuira au Militaire ni à la
Magiftrature.

Suite de l'Edit de 1669.

» Et que par nos Edits des mois de Mai
» & Août 1664, qui établiffent les Compa-
» gnies du Commerce des Indes Orientales

» & Occidentales, il soit ordonné que toutes
» personnes, de quelque qualité & condition
» qu'elles soient, y pourront entrer & parti-
» ciper, sans déroger à la Noblesse, ni pré-
» judicier aux priviléges d'icelle (1) «.

Louis XIV semble vouloir insinuer par ces
paroles, qu'il a permis le commerce même
en détail, aux Gentilshommes ; car il est de
cette nature, dans l'Inde, au moins pour
une partie des objets que la Compagnie y
envoye d'Europe. Par-là tous les Actionnaires, qui y sont intéressés, commercent
réellement *en détail*. Prouvons cette assertion.

La Compagnie fait passer à Pondichery,
Chandernagor, Mahé, &c. des draps, de
l'huile, des vins, eaux-de-vies, bijoux,
étoffes, &c. J'arrive, en 1757, d'un voyage
dans les Terres du fond du Bengale (2),
dénué de tout ; je vais au magasin, la
boutique de la Compagnie, dans l'Inde : on
m'y donne trois aunes de drap, une cruche
d'huile pesant tant, une demi-caisse de vin.
Le profit que le magasin fait sur moi, qui
achète en détail, est une partie du gain de
l'année ; il est reçu par l'Employé, qui m'a

______

(1) *Lib. cit.*
(2) *Zend-avesta.* T. I. Prem. Part. p. 111. 112.

délivré les trois aunes de drap , comme Officier de la Compagnie, des Actionnaires ; il contribuera à former le *dividende* que le Roi, les Princes, Ducs, Marquis, Comtes, Magiftrats, Particuliers, toucheront à Paris. Tous font donc, comme la Compagnie, *Marchands en détail* dans l'Inde.

Au refte, il n'y a pas, dans cette contrée, d'Officier militaire ni civil, chez les François, Anglois, Hollandois, Portugais, Danois, Impériaux, Suédois, qui ne commerce, qui ne vende en gros, en détail, un diamant, une montre, des boucles, quatre mouchoirs, tant d'aunes d'étoffe, de bouteilles de vin, du galon, du fil d'or, des étoffes d'or, jufqu'à des bouchons, des pierres à fufil, même des fouliers reftant de la traverfée.

Suite de l'Edit de 1669.

» NÉANMOINS, comme il importe au » bien de nos Sujets & à notre propre fatis-» faction, d'effacer les reftes d'une opinion » qui s'eft univerfellement répandue, que le » commerce Maritime eft incompatible avec » la Noblefce, & qu'il en détruit les privi-» léges ; nous avons eftimé à propos de faire » entendre notre intention fur ce fujet, &

» de declarer le commerce de Mer ne pas
» déroger à la Nobleſſe, par une loi qui fût
» rendue publique, & généralement reçue
» dans toute l'étendue de notre Royaume (1).

Rien, certainement, de plus digne d'un
grand Roi, qui porte tous ſes Sujets dans
ſon ſein, qui déſire les voir tous également
heureux, que d'ôter les ſemences de diviſion,
que doit produire une opinion également
injuſte & flétriſſante : mais au lieu de ne
s'attacher qu'au commerce de mer, il auroit
été à déſirer que Louis XIV, donnant au
bienfait toute l'étendue qu'il pouvoit avoir,
eût d'un ſeul & même coup abattu toutes
les têtes de l'Hydre, en ſtatuant ſur le commerce en général ; ce ſont les diſtinctions
de Mer, de *gros*, de *détail*, qui perpétuent le
préjugé chez les uns, l'erreur chez les autres.

Suite de l'Edit de 1669.

» A ces cauſes, déſirant ne rien omettre
» de ce qui peut davantage exciter nos Sujets
» à s'engager dans le commerce, & le rendre
» plus floriſſant, & de notre grâce ſpéciale,
» pleine puiſſance & autorité royale, nous
» avons dit & déclaré, & par ces préſentes,

____

(1) *Lib. cit.* p. 41. 41.

» ſignées

» fignées de notre main , difons & déclarons,
» voulons & nous plaît , que tous Gentils-
» hommes puiffent par eux , ou par perfonnes
» interpofées , entrer en fociété , & prendre
» part dans les vaiffeaux marchands, denrées
» & marchandifes d'iceux , fans que, pour
» raifon de ce, ils foient cenfés, ni réputés
» déroger à la Nobleffe, pourvu toutefois,
» qu'ils ne vendent pas en détail, &c. (1) «.

§. X I V.

CONCLUSION.

LOUIS XIV, il faut le dire, a manqué
l'objet que fon cœur, vraiment grand, de-
firoit. Il réfulte bien de fon Edit, que le
commerce de Mer ne prive pas des priviléges de la Nobleffe : en 1556, Charles IX
l'avoit permis aux Nobles de Marfeille, de
Rouen, de Bretagne (2). Mais eft-il propre,
cet Edit, à engager la Nobleffe à faire le
commerce ? Puifqu'il faut une permiffion,
une ordonnance expreffe, dira le Gentilhomme, couvert d'une noble craffe, dans
le donjon de fon château, les yeux fixés fur

____

(1) *Loc. cit.*
(2) *Nobleffe Commerçante*, p. 173.

E

son chartrier, la chose est mauvaise : je ne
veux pas d'une profession simplement tolérée.

Le Monarque a montré, dans son préam-
bule, le vice du préjugé ; il falloit donc
le déclarer abusif en soi, dire qu'il n'avoit
jamais pu avoir force de loi, que de tout
temps les Gentilshommes avoient pu exercer,
avoient eu droit d'exercer le commerce,
comme toute autre profession utile, honorable, & que l'objet de la présente Ordonnance, n'étoit pas de donner une simple
permission pour l'avenir, la conservation
des droits de la Noblesse à ceux qui feroient
le commerce, puisqu'ils n'en avoient pas
besoin ; mais, en annullant positivement
la défense portée à l'article CX de l'Ordonnance d'Orléans, de déclarer expressément &
authentiquement l'ancien droit faisant toujours loi, lever tous les doutes, ôter tout prétexte aux simples soupçons. On auroit ensuite
mis sur la même ligne toutes les professions
reconnues, en France, comme compatibles
avec la Noblesse, en disant : comme le Gentilhomme qui embrasse l'Etat Militaire, la
Robe, &c. ne déroge pas ; de même, en
faisant le commerce il est toujours Gentilhomme, de qualité & de priviléges ; & il
a toujours dû l'être, le commerce étant une

profeſſion noble par elle-même, le Prince étant à la tête du commerce de l'Etat, comme il eſt à la tête des Tribunaux ; le Roi étant le premier Commerçant de ſon Royaume.

On ſent la différence, déclarer une choſe juſte en elle-même de droit, mais arrêtée par violence, ou ſimplement la juſtifier, en faire l'apologie, la permettre.

§. X V.

Edit de 1701, *qui permet à la Nobleſſe le Commerce en gros.*

COLBERT n'étoit plus : mais l'eſprit de ce grand Miniſtre préſidoit encore aux règlemens ſur le commerce.

» Voulons & nous plaît, dit Louis XIV
» (1), toujours occupé du bonheur de ſes
» Peuples, que tous nos Sujets, Nobles par
» extraction, par charges, ou autrement,
» excepté ceux qui ſont actuellement re-
» vêtus de charges de Magiſtrature, puiſſent
» faire librement toute ſorte de commerce
» en gros, tant au dedans qu'au dehors du
» Royaume, pour leur compte ou par com-
» miſſion, ſans déroger à la Nobleſſe.

____

(1) Forbonnais, *lib. cit.* T. IV. p. 177.

E 2

Voilà le commerce intérieur affimilé au commerce extérieur & de mer ; ce qui eft très-raifonnable. Le premier, de cité à cité, de ville à ville, d'homme à homme, le commerce des denrées , du produit dès manufactures, de l'induftrie, répond au vœu de la nature, qui, en bonne mère, a placé dans chaque contrée, mais en différentes mains, ce qui y eft néceffaire. Celui de mer, le commerce étranger, affez généralement de luxe, devenu avec le temps, de befoin, doit-il être placé au-deffus du commerce intérieur, qui unit les membres de la fociété, qui répand les vrais biens, les feules richeffes vraiment utiles, dans la claffe la plus nombreufe des Citoyens, les pauvres, fouvent éloignés des ports de mer?

Mais l'exception appofée dans l'Ordonnance, eft jufte. Les détails ni l'efprit du commerce ne peuvent guère fe concilier, fur-tout en Europe, avec les fonctions de la Magiftrature : on auroit dû ajouter, à *revêtus de Charges de Magiftrature*, ces mots : *de placés dans notre maifon ou dans l'Adminiftration* (1), *& décorés des grades Militaires avec exercice.*

______

(1) *Hift. du fyftême des Finances fous la minorité de Louis XV.* T. IV. p. 100. 103.

Ce n'eût pas été défendre le commerce à la Nobleffe, mais fimplement profcrire la pluralité des offices, des fervices incompatibles, réunis fur une même tête.

Suite de l'Edit de 1701.

» VOULONS & entendons que les Nobles
» qui font le commerce en gros, continuent
» de précéder en toutes les affemblées géné-
» rales & particulières les autres Négocians,
» & jouiffent des mêmes exemptions & pri-
» viléges attribués à leur Nobleffe, dont
» ils jouiffoient avant que de faire le com-
» merce (1) «.

1°. La qualité de Noble ne donne, ni le crédit, ni les lumières que l'on attend de l'ancienneté & de l'expérience : ainfi nulle raifon, pour que le Noble précède le roturier dans une affemblée générale ou particulière qui auroit rapport au commerce. Dans les Tribunaux, les Confeils, &c. c'eft le grade ou l'ancienneté, l'ordre du tableau, qui fixe le rang, & non la naiffance.

2°. Les exemptions relatives aux impofitions mifes fur la profeffion de Marchand, même en gros, l'induftrie, &c ; ces exemp-

____

(1) *Lib. tit.*

tions font injuftes. Qui veut jouir du bénéfice, doit porter les charges : c'eft comme fi les Ordonnances exemptoient à la guerre, le Noble d'aller à fon tour à la tranchée, d'être de bivac, &c.

Suite de l'Edit de 1701.

» Permettons à ceux qui font le com-
» merce en gros feulement, de poffèder des
» charges de nos Confeillers - Secrétaires,
» Maifon, Couronne de France & de nos
» Finances, & de continuer en même temps
» le commerce en gros, fans avoir befoin
» pour cela, d'Arrêts, ni de Lettres de
» compatibilité (1) «.

Ces affemblages monftrueux gâtent tout. Quel rapport entre celui qui exploite le cuivre de Suède, qui fait venir le fucre de l'Amérique, le café de Moka, qui vend les draps de Lodève, Carcaffonne, qui expédie pour l'Inde, pour la Chine, & un Confeiller-Secrétaire du Roi, Maifon, Couronne de France & de fes Finances ? Il faut donc, dira-t-on toujours, une décoration étrangère; fans cela, point de Nobleffe ; le Commerçant, comme Commerçant n'eft rien ; le commerce avilit.

____

(1) *Lib. cit.*

(71)

De même que signifie le Cordon de Saint-
Michel donné aux Négocians, aux Artistes,
&c. ? La Chevalerie, qui dans l'origine, est
proprement Militaire, a-t-elle rien de commun avec les spéculations de commerce, le
génie de l'homme à talent ? les récompenses
ne sont récompenses que lorsqu'elles ne sor-
tent pas du genre ; autrement, c'est un reproche tacite de s'y être livré, puisqu'on se
trouve heureux d'en sortir. Laver un homme
tiré de la fange, n'est pas l'orner, c'est simplement le nettoyer.

Suite de l'Edit de 1701.

» SERONT censés & réputés Marchands &
» Négocians en gros, tous ceux qui font
» leur commerce en magasin, vendant leurs
» marchandises par balles, caisses ou pièces
» entières, & qui n'auront pas de boutiques
» ouvertes (1) «.

Quelle mesquinerie dans les idées ! Les
Ministres sont bien coupables, de rabaisser
les plus grands Princes à la petitesse de leurs
conceptions ! Les *boutiques* sont des *magasins
ouverts sur la rue* : maintenant sur quoi pose
la différence d'un magasin ouvert sur la rue,

____

(1) *Loc. dit,* & p. 178.

à un magasin ouvert en dedans de la maison, de vendre dans la première pièce d'une maison de commerce, ou dans la seconde ? Le commerce est donc en lui-même une chose honteuse, puisqu'il faut se cacher pour le faire sans déroger. Mais lorsqu'on vend en public sur les ponts, dans les marchés, par autorité de justice, en détail, ce sont les Tribunaux qui vendent ; les Magistrats dérogent-ils ?

Souvent on expose à terre, sous des tentes, les marchandises des vaisseaux : ce sont des boutiques ouvertes. Le Grenier-à-sel, l'Arsenal & le Bureau du Tabac, sont des boutiques, où le Gouvernement vend tant de livres de sel, de la poudre à tirer, du Tabac en bouts, & même rapé, par livres. Qu'est-ce donc que la dérogeance !

» Vendant.... par balles, &c. « Ceci est contre le commerce appellé *en détail*. D'abord, rappellons des notions, communes, il est vrai, mais que le préjugé, dans cette matière, semble avoir effacées. *Détail* est un terme relatif. La *livre* est le détail du *cent*, du *millier* ; le petit baril, celui du gros ; la pièce d'étoffe, de la balle ; le quart de minot, du minot, &c : comme le *quarteron*, l'*once*, est le détail (la fraction) de la livre ; l'aune, de la pièce, &c. Or il n'y a pas au monde de Marchand en gros, qui n'ait été, qui ne foit dans le cas de vendre des portions de balles, de caiſſes, de pièces, ſur-tout dans le commerce de mer, étranger : il faut bien ſe défaire des marchandiſes avariées.

Il eſt même impoſſible de bien poſſéder l'eſprit du commerce en gros, ſi on ne connoît pas certains détails, tels que l'aunage, le jaugeage, le rapport des poids & meſures : comme le grand Marin doit être en état de conſtruire, au beſoin, un vaiſſeau ; le bon Cavalier, ſçavoir ferrer ſon cheval, raccommoder ſa ſelle.

La Chymie eſt fondée ſur une foule d'expériences, auxquelles les biens d'un particulier ne pourroient ſuffire, ſi le Chymiſte ne vendoit pas, comme Apothiquaire, ſes préparations au public. L'Orfèvre, avant que de faire de ces chef-d'œuvres que le Gouvernement paye, a dû ſe perfeᴄtionner ; dans ſon art, par mille ouvrages vendus en détail. Ainſi la loi qui prononce la dérogeance contre le commerce en détail, s'oppoſe au progrès des arts, au bien même de l'humanité.

Nous avons vu plus haut les Cours de Juſtice, l'Etat, vendre en détail, effets, ſel, tabac, poudre à tirer ; les Compagnies, vendre dans l'Inde , drap , huile , toile , mousseline, &c. en détail, au magasin.

Le Gentilhomme vend au marché son bled par boisseaux , sans déroger ; or, le boisseau est le détail du septier ; cette mesure-ci, du muid. Les Seigneurs qui ont dans leurs terres le droit de *banvin*, vendent au château le vin à la bouteille, sans déroger ; d'autres, reçoivent au marché, le droit de *minage*, en détail, de même sans déroger.

Mais examinons, sur quoi peut être fondée cette distinction du gros au détail, dans le commerce.

§. X V I.

Réponse aux raisons qui porteroient à défendre à la Noblesse le Commerce en détail.

L'ESPRIT, dira-t-on, est rétréci par ces petites opérations de détail, par ces intérêts particls, qui dès-là ayant quelque chose de bas, de vil, sont indignes de la Noblesse. *Mercatura*, dit Ciceron (1), *si tenuis est, sordida putanda est ; sin magna & copiosa, multa undique apportans, multisque sine vanitate impartiens, non est admodum vituperanda.*

____

(1) *De Officiis.* lib. I. ad calc.

CICERON, très-grand orateur, forti de l'Ordre financier, philofophoit quand il n'avoit rien de mieux à faire : fon caractère moral, verfatile, ne fera jamais loi.

Ceux qui connoiffent les détails rebutans, dans lefquels l'exploitation des terres, le foin des beftiaux, &c. obligent d'entrer, répondront que cette prétendue baffeffe eft de tous les états.

Il faut encore, fur ce principe, déclarer dérogeante la petite juftice, la juftice en détail, comme l'office de Notaire fait déroger en Lorraine. (1). Rien en effet, qui rappetiffe plus l'efprit, que de juger fur la faifie, aux barrières, d'un gigot ou d'une bouteille de vin ; que de fiéger, en juge guêtré, avec deux habits blancs couverts d'une robbe noire, pour décider fi une haie a dû être plantée un demi-pied plus loin, qu'elle n'eft réellement, du dommage fait par un porc, d'une redevance de deux deniers par an : l'efprit proceffif, engendré & nourri

---

(1) » Qu'à l'avenir aucun office de Notaire ne faffe » déroger «. *Cahier des trois Ordres du Bailliage de Pont-à-Mouffon.* 1789. p. 33. art. 23.

par ces sortes de détails, vaut bien ce que
l'on reproche au commerce à la livre, à
l'aune. Car enfin, il est noble d'acheter,
pour faire des culottes, une aune de drap ;
donc il faut trouver quelqu'un qui la vende,
cette aune.

Il seroit plaisant de voir tous les Marchands en détail, pénétrés de l'ignominie
de leur profession, y renoncer un beau jour,
en France, comme gens d'honneur, & vou-
lant vivre noblement ; que feroient alors
Messieurs les Gentilshommes hors d'état de
toujours acheter une pièce de drap, de toile,
une balle de café, un septier de bled ? sans
doute, pour ne pas mourir de froid & de
faim, ils seroient les premiers à relever nos
Marchands de la flétrissure du préjugé.

Mais la Société peut très-bien se passer,
de gens qui apprennent à commencer un
procès ruineux, pour un pouce de terrein
en litige : ainsi nulle raison politique, qui
empêchât de déclarer dérogeante la justice
en détail.

Je ne connois pourtant que la Pologne,
où les Magistrats civils des petites Villes
perdent la Noblesse (1).

____

(1) *Si etiam Nobilis Magistratus civiles in urbe aliquâ*

Pour être Tribun du Peuple, chez les Romains, il falloit être Plébéïen. A Strasbourg, fur la fin du feizième fiècle, la preuve de roture, jufqu'à l'aïeul inclufivement, étoit néceffaire pour être grand Bourguemeftre (1). Ces inftitutions oppofées caractérifent l'efprit des Peuples.

Ce que j'ai dit de la juftice en détail, peut s'appliquer aux commis des Bureaux du Tabac, des Aides, &c. Copier machinalement un regiftre, conduire un entrepôt, faire le fervice d'ambulant aux barrières, la vifite des caves : ces fonctions donnent-elles de l'élévation à l'ame ?

Dans le Militaire même, les détails minutieux du maniement des armes, de l'efcrime, des évolutions, des fournitures, fourrages, &c. ont en foi quelque chofe de petit. L'objet

---

gerat (excipiuntur tamen hîc civitates privilegiatæ, de quibus fuprà), nobilitatem amittit, nec poteft fibi deinde bona terreftria acquirere, ut habet conftitutio anni 1633. p. 33. Chriftoph. Hartknoch, *de Republ. Polon.* Lipf. 1698. *lib.* 2. *c.* 5. *p.* 624. *Nobiles tum nati, tum creati, amittunt nobilitatis jura, quando in civitatibus mercaturam, Opificia ; cauponas, aut alia oppidanorum exercent. Addit Lex, qui in civitatibus Magiftratum gerunt, quod de minorum civitatum Magiftratibus intelligendum.* Gotfridi Lengnich, *Juf. public. Regn. Polon.* Gedani 1746. *T. II. p.* 30.

(2) Bodin, *Republiq.* 1580. p. 948.

seul, les suites qu'ils ont, peuvent les ennoblir.

Certainement on n'avancera pas que, généralement, tous les Soldats & Officiers n'embraffent la profeffion des armes, que pour fervir la Patrie ; les Gens de loix, la Jurifprudence, que pour rendre juftice au pauvre. L'objet direct de l'homme, dans tous les temps, en tous les Pays, a été & fera toujours de fe procurer une exiftence heureufe. L'un choifit la Robe, l'autre l'Epée, felon le goût, le préjugé national, & fes difpofitions particulières, fans fonger à l'Etat; de même que le Marchand cherche fon bien-être dans le commerce. Ces vues perfonnelles n'empêchent pas que l'efprit de la première profeffion ne foit la défenfe de la Patrie ; celui de la feconde, de protéger l'opprimé ; celui de la troifième, auffi noble par confé-quent que les deux premières, de fournir à l'homme le néceffaire pour le phyfique & fouvent pour le moral. Or c'eft l'efprit d'une profeffion, qui la caractérife, & non telle vue de l'homme qui l'exerce : c'eft par là qu'on doit en juger.

Ajoutons que le commerce en détail entre dans le commerce en gros, y prépare. Les petites combinaifons mènent aux grandes :

(79)

elles donnent l'esprit de détail, d'analyse,
étendent la mémoire, accoutument à la pré-
cision, à l'exactitude. Ce sont les tierces de
l'Astronome, les fractions du Calculateur.
Autant voudroit-il défendre, sous peine de
déroger, de payer par livres, sous & deniers.
Voilà quatre pièces de drap : on m'en demande une ; je la vends sans déroger. On me
demande la moitié, le quart de la seconde ;
si je donne cette moitié, ce quart, je déroge.
Nos neveux, guéris par notre exemple, auront peine à croire qu'il y ait eu un temps,
où de pareilles distinctions, digne de l'Ecole,
aient été faites sérieusement.

§. XVII.

Suite de l'Edit de 1701.

» (Qui n'auront) ni aucun étalage, ni
» enseignement à leurs portes ou maisons
» (1) «.

Au moins doit-il être permis de mettre
au haut de la porte : *Magasin d'épiceries, de
draps, &c,* comme on lit : *Hôtel du Contrôleur-
Général, de la Régie des Poudres, des Receveurs-
Généraux des Finances ; Magasin de Porcelaines
de Monsieur :* à l'Hôtel du Tabac, *Bureau pour*

____

(1) *Lib. cit.*

les Débitans, Bureau pour les Particuliers : enfin, *Hôtel de Richelieu, Hôtel de Montmorenci.* Ces *enseignemens* ne font pas déroger les Propriétaires. Autrement, comment fçaura-t-on qu'il fe vend telle marchandife, ou même fimplement qu'il y a un magafin dans telle maifon ?

Les armemens en courfe & de commerce, les manufactures, les entreprifes s'affichent, fans que ces *enseignemens* ôtent la Nobleffe à ceux qui font à la tête.

Les Colonels, fans perdre la Nobleffe, ont à leur porte, des annonces figurées de leurs régimens ; vrais *étalages* de commerce, qui fignifient : *Ici l'on achète un homme 150 livres une fois payées, fi c'eft un grand corps, & tant par jour.* Cette vente en détail, affichée, eft néceffaire, noble même, parce que l'Etat a befoin de Soldats : mais il a pareillement befoin de pain, de vin, d'étoffe, de fer, &c. en détail. Pourquoi donc le Négociant, expofant au public les marques de fa profeffion, dérogeroit-il ?

Avouons-le de bonne foi. C'eft toujours l'ancien préjugé qui fe reproduit fous ces diftinctions puériles. On a fenti enfin la néceffité d'honorer le commerce. Le génie de Louis XIV, qui voyoit tout en grand, l'a

lavé

lavé de l'opprobre, dont de faux Nobles vouloient éternellement le couvrir. Ceux-ci, plus adroits, ont fuggéré les dénominations de commerce de mer, en gros, en détail, pour avoir toujours le prétexte de rabaiffer le Commerçant, & de vivre *noblement* dans la pareffe & l'ignorance : *& a déclaré ne favoir figner, comme Noble,* difoit au bas d'un acte le père d'un de ces Citoyens utiles.

La même intrigue, en 1789, vient d'établir à Paris, pour les Etats-Généraux, la diftinction des trois Ordres ; tandis qu'en 1588 le premier Préfident du Parlement, à l'Affemblée des Membres de la Commune, à la Prévôté, avoit concouru pour être élu Député du Tiers-Etat, aux Etats de Blois (1); l'Affemblée de la Nobleffe étoit pour la Banlieue, ou pour les Fiefs de Paris (2): tandis que pour les Etats de 1614, toutes les Cours Souveraines, & l'Evêque de Paris, avoient été appelés à l'Hôtel-de-Ville, comme Bourgeois (3). On a même porté l'indécence,

----

(1) *Forme générale & particulière de la Convocation des Etats-Généraux de Fr.* 1789. prem. Part. Pièc. juftif. p. 258. 266.

(2) *Id.* p. 267-269.

(3) *Id.* p. 331. 332.

F

parlant du quarré de papier, que chaque Membre du Tiers étoit tenu, pour pouvoir entrer aux assemblées de Quartier, de remettre à celui qui avoit été préposé à cet effet, jusqu'à s'exprimer ainsi : sur lequel il aura écrit ou *fait écrire lisiblement* (1) ; & à nommer d'autorité des Présidens & Secrétaires d'Office , pour ces Assemblées élémentaires, qui étoient pour la Capitale, c'est-à-dire pour plus de 8oo,ooo ames , le germe de l'Ordre du Tiers, dans l'Assemblée Nationale. La Noblesse avoit le pouvoir de choisir ses Officiers.

C'est ainsi qu'on a détruit à Paris la *Commune*, qui y a toujours existé ; & dans laquelle il y a des particuliers chargés des fonctions religieuses, de l'administration de la Justice, de la sûreté de la Ville, payés pour cet objet, comme Officiers ; mais pour tout le reste, sans égard à la naissance , simples Bourgeois, le Prince, comme le dernier des Artisans, & jouissant à ce titre des mêmes priviléges.

Le costume, ou forme d'habillement, affecté à chacun des trois Ordres (2), tient encore à cette distinction qu'on cherche à

---

(1) *Et. Génér. Lettre du R. aux Prév. des March. & Echevins*, art. XIV. *Règlem.* art. XVI. *Ordonnance*, n°. 6.
(2) *Journ. de Par.* 30 Avr. 1789.

enraciner : le Tiers-Etat y eſt en deuil ; le Clergé & la Nobleſſe en habits triomphaux.

Qu'on nous vante après cela le progrès des lumières, dans le dix - huitième ſiècle, l'eſprit philoſophique qui a rendu à l'homme ſa dignité, en effaçant les diſtinctions enfantées par la barbarie de nos pères. Les gens parvenus écraſeront toujours la claſſe, dont ſouvent-même ils n'ont pas l'honneur de ſortir ; leurs yeux redoutent ces témoins importuns de l'ignominie de leur origine.

Revenons au commerce. Ses opérations ſont néceſſaires à la France : c'eſt une vérité reconnue. Et cet Etat peut les exécuter de la manière la plus brillante *(1)*. Mais ſera-t-il jamais porté au dégré où il peut l'être, répondra-t-il aux dépenſes d'une Marine faite pour protéger ces Agens ſans nombre, qui pourvoyent aux beſoins du Royaume ; tant qu'il y aura un prétexte quelconque de l'avilir, de ſe croire obligé d'y renoncer ; & qu'en général, la profeſſion, ſans diſtinction de *mer*, *d'étranger*, de *gros*, de *détail*, de *magaſin*, de *boutique*, ne ſera pas déclarée, de droit, & non par conceſſion du Prince,

____

(1) Dutot, *Réflex. Politiq. ſur les Fin.* T. II. p. 289. 290.

par permiſſion, par grace, *noble en elle-même,* & dès-là compatible avec tous les honneurs de la Nobleſſe, ſans nuire aux impoſitions, aux taxes miſes ſur le commerce ?

Nos rivaux, je le ſens, nos ennemis, les Anglois, craindront toujours un pareil changement dans nos mœurs. Ils travailleront ſous main à l'empêcher. Ce changement auroit trop d'influence ſur le revenu de l'Angleterre.

Je dis nos *ennemis* : en fait de gloire, des rivaux peuvent devenir amis : en fait d'intérêt, ils ſont toujours ennemis. Le *Traité de commerce* que cette Nation a eu l'art de négocier avec la France, le 26 Septembre 1786, eſt le coup le plus funeſte, qu'un ennemi caché ait jamais porté à celui, avec qui il ſe diſoit en paix (1).

Suite de l'Edit de 1701.

» VOULONS (2) que, dans les Villes du

(1) Voyez les *Obſervat. de la Chamb. du Comm. de Normandie ſur le Traité de Commerce entre la Fr. & l'Angl. Refut. de la Lett. de M. D. P. &c.,* par la même *Chambre.* 1788 ; & la réclamation générale de la France contre cette œuvre de ténèbres, ci-après §. XXXI.

(2) *Lib. cit.* p. 178.

» Royaume, où jufqu'à-préfent il n'a pas été
» permis de négocier & faire trafic, fans être
» reçu dans quelque Corps de Marchands,
» il foit libre aux Nobles de négocier en
» gros, fans être obligé de fe faire recevoir
» dans aucun Corps de Marchands, ni de
» juftifier d'aucun apprentiffage ; & afin que
» les familles des Marchands ou Négocians
» en gros, tant par mer que par terre, foient
» connus pour jouir des prérogatives qui
» leur font attribuées par ces préfentes, &
» pour recevoir les marques de diftinction
» que nous jugerons à propos de leur ac-
» corder, nous voulons que ceux de nos
» Sujets qui s'adonneront au commerce en
» gros, foient tenus à l'avenir de faire inf-
» crire leurs noms dans un tableau, qui fera
» mis à cet effet dans la Jurifdiction Con-
» fulaire de la Ville de leur demeure, & dans
» les Chambres particulières de commerce,
» qui feront ci-après établies dans plufieurs
» Villes de notre Royaume «.

Les Corps ont été établis pour la fûreté
du commerce. On connoît le crédit, le papier, la capacité de celui qui y eft reçu
dans la forme ordinaire : de là les fils de
Marchands font difpenfés d'apprentiffage.
Mais le titre de Noble ne donne pas ces

avantages. Avoir fon nom fur un tableau, fans examen préalable, fans répondans, ne prouve pas que l'on foit doué des talens, des qualités requifes pour le commerce. Il femble donc que l'Ordonnance devroit au moins exiger deux répondans.

Et pourquoi difpenfer de juftifier de l'apprentiffage, fi l'état n'avilit pas? Prétend-on qu'il foit libre aux Nobles de faire le commerce, fans l'avoir appris ? L'apprentiffage eft-il autre chofe que l'éducation commerçante ? Le Gentilhomme, cadet ou fimple foldat, monte la garde, apprend l'exercice, fans fe deshonorer. En Pruffe l'Officier commence par le grade de foldat. Le Czar, Pierre le Grand, s'enrôle à Sardam, dans les Chantiers Hollandois, en qualité de Charpentier.

Quoi ! toujours un côté foible, dans ce que nous faifons de plus grand, de plus utile !

§. XVIII.

Sur les Corporations dans le Commerce.

MAIS la grande queftion eft de fçavoir fi les corporations font utiles au commerce.

1º. Il eft certain, comme on l'a déja dit, que ces affociations l'éclairent davantage, le rendent plus sûr ; les membres qui en dépendent, veillés par le Corps, étant moins sujets à faillite.

2°. Les corporations, dans une Monarchie, opposent au Gouvernement plus de résistance contre les innovations, les taxes arbitraires, &c.

3°. Elles peuvent faire des entreprises plus considérables, par la réunion des intérêts combinés, par celle des bourses, par l'esprit de corps ; elles peuvent, même, dans des cas pressans, fournir à l'Etat des secours assurés.

4°. La distribution, l'assiète des impositions y est plus aisée, doit y être plus juste, mieux balancée, parce qu'on est censé se connoître, qu'on est jugé par ses pairs, ses égaux, qui, après leur année de charge, rentrent dans la classe des autres Marchands.

Tels sont les principaux avantages des corporations ; essentielles au commerce, dans un état où il est honoré, comme en Angleterre, & dans une grande ville, qui, outre sa consommation intérieure, fait au-dehors un négoce considérable, comme Londres. Aussi les Rois d'Angleterre les ont-ils toujours protégées. Ils se font inscrire dans une de celles de la Capitale, pour marquer la fraternité Angloife ; & les Princes étrangers, qui paffent par l'Angleterre, affectent fouvent de les imiter.

Mais dans un Royaume, où, à caufe des prétentions de certaines conditions, le commerce, en quelque forte précaire, eft obligé de lutter contre l'opinion publique ; dans une Ville fans grands débouchés, où tout eft pour l'entretien des habitans, l'utilité des Corps de Marchands n'eft pas auffi évidente. Cette attache à une corporation, gêne, arrête les Citoyens, Nobles ou Roturiers, qui voudroient fe mettre au-deffus du préjugé : elle fait que ceux qui y font engagés, fe regardant comme notés, ne s'appliquent au négoce, que pour faire une fortune, quelle qu'elle foit, & quitter enfuite cette profeffion. C'eft la ruine du commerce, que ces retraites de perfonnes habiles, inftruites, qui, au lieu de confolider une établiffement à moitié, aux trois quarts élevé, vont, riches de deux & 300,000 livres, enfévelir leurs talens dans une vie morte, ou dans le commerce du papier, quelquefois commencé pendant même leur premier négoce. Comment le commerce pourroit-il prendre l'effor, avec l'étendue que femblent promettre l'entretien & les rapports multipliés d'une très-grande Ville, étant perpétuellement commencé, abandonné, puis recommencé avec des fonds modiques ; étant, aux premiers succès, saigné par des achats de maison, par des placemens en rente ? C'est un Général, qui, après avoir assemblé avec peine une armée de 40,000 hommes, & fait, en route, de petites expéditions, se trouvant à portée de l'ennemi, licencieroit ses troupes, au lieu de frapper un grand coup avec ce corps formidable, & se plaindroit ensuite des longueurs, de l'incertitude, des revers de la guerre.

Supposons donc qu'il est question de Paris, Ville immense, mais qui, dans son état actuel, n'a presque qu'un commerce de consommation ; où règne le préjugé contre le négoce, sur-tout en détail. Il est question de la rendre proprement commerçante, d'en faire l'apport général du Royaume, d'y former des maisons de négoce, considérables, qui reçoivent les fonds des grands de l'Etat & des particuliers, d'accoutumer, par le relief donné à ces maisons, au commerce même, à la profession de Négociant, de Marchand, comme on l'est à celle de Banquier, de Financier ; & d'occasionner par là des entreprises utiles, telles, par exemple, que seroit *un canal creusé de Mantes à Paris* ; de donner, par ce moyen,

de l'activité au Port St-Nicolas, à la Douane,
au Port St-Paul, où tout paroît si engourdi,
quand on a vu Marseille, Londres, Amsterdam, &c : enfin, de rendre cette Ville le
centre du commerce du Royaume, pour la
France & pour l'Etranger.

La suppression, au moins pendant quelque
temps, des Corps de Marchands, pourroit
d'abord paroître nécessaire pour un pareil
projet ; mais suppression faite avec douceur , avec examen, en dédommageant
les personnes intéressées, rendant les frais
de réception, tranquillisant les Citoyens sur
leur état. L'idée de bassesse subsistant toujours à la vue des Communautés, il semble
que la permission de commercer, sans entrer
dans un Corps, ne suffise pas : il faut, en
quelque sorte dépayser le commerce ; on a
affaire à des malades.

Libres de toute gêne, de toute entrave,
des particuliers formeroient, à Paris, des
maisons de commerce pareilles à celles de
Cadix, Lisbonne, Londres, Amsterdam,
Hambourg. Les premiers de l'Etat y met-
troient leurs fonds, comme ils font à la
Compagnie des Indes, chez les Banquiers,
entre les mains des Receveurs-Généraux des
Finances, sans penser qu'ils se rendent par-là

Négocians. Les capitaux immenses, les affaires qu'ils pourroient occasionner, donneroient au dépositaire, & par suite à sa profession, une existence que la Nation seroit portée à honorer. Lyon, Marseille, Nantes, Bordeaux, Orléans, &c. imiteroient la Capitale. On ne rougiroit plus sottement, se voyant recherché des Grands, d'être riche par le commerce, sans autre titre ; on ne se presseroit plus de le quitter, pour être, quoi ! un Noble d'aujourd'hui.

Comme il faut dire toute vérité, ces avantages, qui sont grands, ne me paroissent pas décider la question. C'est éluder l'influence d'un préjugé ridicule & nuisible, & non la combattre, la détruire. D'ailleurs la sûreté du commerce, de la qualité des marchandises, des affaires, dans une ville où l'on ne se connoît point, semble nécessiter l'établissement des corps, comme une sauve-garde pour l'acheteur, & un frein légal pour le vendeur. Le Gouvernement, protecteur de toutes les classes de citoyens, favorisera-t-il l'une aux dépens de l'autre, dans une Cité immense, qui peut être regardée comme une Province, & où, dans l'état actuel, le commerce n'est presque que de consommation ?

§. XIX.

De la Banque, relativement au Commerce.

POUR répandre plus de lumière fur cet objet, examinons les rapports du commerce avec la banque & la finance.

La banque a été établie pour faciliter les traites du commerce, le tranfport de l'argent : enfuite elle a fervi, fur-tout depuis la découverte de l'Amérique, à procurer des fonds aux différens Etats. C'eft un vrai commerce, en gros, en détail, dans lequel la monnoie de papier a fuccédé aux efpèces, ou du moins les fupplée, & augmente la circulation : & dès que le François n'a plus vu de vente, d'achat en marchandifes, il s'eft livré à ce commerce. Voilà fon caractère : déguifez la chofe, de manière que le préjugé n'ait plus de prife ; & vous êtes maître de tout.

La Loi de Mahomet a défendu le vin, c'eft-à-dire, toute boiffon enivrante. Le Turc y a fubftitué la bière. Maintenant, pour faire fa cour à un Pacha, il faut, dans fon préfent, mettre quelques bouteilles de rofoli (1) : il s'enivre en sûreté de confcience, parce que ce n'eft pas du vin.

____

(1) *Cour. de l'Eur.* 23 Octobre 1780.

Les Banquiers ont des magasins, font le commerce en gros, même en détail, sans qu'on le sache : ils sont regardés, à Paris, comme les seuls Négocians, & ne dérogent pas. Les Six Corps des Marchands, traités de Détaillistes, de Boutiquiers, sont méprisés. C'est faire le bien de la Nation, que de combattre un abus injurieux & très préjudiciable au négoce, l'esprit de la banque n'étant pas celui du commerce. Entrons pour cela dans quelques détails.

Le commerce comprend le calcul des productions de la terre, du fruit de l'industrie, des Manufactures, des frais de transport par eau, par terre, avec assurance', sans assurance; celui des évènemens, guerre, disette, fléaux, malheurs, besoins de toute espèce; la balance du négoce étranger qu'on ne peut avoir qu'après l'année; la connoissance de toutes les parties du globe, pour y faire passer des marchandises ou en tirer, de la situation de tous les Etats pour préparer les envois, hâter les retours, avancer les fonds, ou les resserrer : enfin, c'est l'univers entier en action, pour nourrir, vêtir, loger, meubler le genre humain, une partie par le secours de l'autre; chaîne immense, dont le premier anneau tient à la nature, le dernier au plus petit befoin des êtres qu'elle a placés fur la terre : voilà l'état qui déroge en France.

(1) La banque pofe fur la connoiffance du change, felon le fort ou le foible du commerce, les remifes médiates ou immédiates, nationales ou étrangères, l'abondance ou la difette de fonds, d'efpèces, qui règle le crédit national pour le papier qui eft fur la place, & les emprunts.

La banque fert au commerce, & elle en dépend. Seule elle ne fuffit pas à un Etat. Elle peut même, ainfi que la finance, nuire au négoce, en le gênant, pour faire ce qu'on appelle des coups (2), en rendant trop rares

____

(1) *Le Commerce & le Gouvernement confidérés relat. &c.* prem. Part. 113—136.

(2) Plufieurs Banquiers, fi l'on veut ceux de la Cour, ont dix & vingt millions de bons effets fur Londres. C'eft de la marchandife qu'il faut faire valoir. Le prix hauffera par la rareté, & la rareté par la concurrence. Ils obtiennent en conféquence un Arrêt du Confeil, qui diminue confidérablement les droits d'entrée fur telle Marchandife Angloife d'un ufage commun. Les Fabriquans de cette Nation ont été prévenus. Bientôt nos marchés regorgent de cette marchandife; notre légèreté l'accueille comme c'eft l'ufage. Les Banquiers, pour les remifes à faire à Londres, préfentent leurs effets; les Négocians François, qui en ont befoin pour payer les marchandifes Angloifes,

les efpèces, fans lefquelles il ne peut s'exercer au-dedans ni au-dehors, en en changeant même le taux.

Les retours du commerce ne s'accordent pas aifément avec les échéances du Banquier. Celui-ci ne rifque pas volontiers. Une attente de deux à trois ans l'effraye, Il lui faut une circulation active, avec profit fouvent répété. Il fait payer l'intérêt de l'heure, du moment : c'eft un Changeur.

Ce caractère âpre & ferré, diffère de celui du commerce, fur-tout du commerce étranger, pour lequel on eft quelquefois obligé de payer avant l'arrivée des marchandifes, & même, par exemple, dans l'Inde, fournir des fonds jufqu'à fix mois d'avance aux Fabriquans.

---

les font monter : & les Manufactures nationales fe dégradent, s'anéantiffent.

Une Fabrique de toile s'établit en pays étranger, fur les frontières. La Ferme en tirera 25 pour cent d'entrées. Elle en obtient l'admiffion en France, malgré les réclamations des Chambres du Commerce. Le profit lent & habituel du commerce intérieur ne la frappe pas. Et ce commerce, déja chargé d'impôts, qui d'ailleurs ne peut foutenir la concurrence, parce que la main d'œuvre eft moins chère au lieu où fe fabriquent ces toiles étrangères, languit & finit par fe détruire.

La banque fe permet des hauffes & des baiffes, qui ruineroient le commerce , fi elle en avoit les fonds. Heureufement ces crifes, fruit de l'agiotage des papiers , ne peuvent avoir lieu dans le négoce, à qui il eft effentiel d'avoir une confiftance affurée, & dont la balance, le taux dépend d'une multitude d'agens , nationaux & étrangers, qu'il n'eft pas facile de remuer en trop peu de temps : au lieu que trois ou quatre forts Banquiers, en jettant fur la place, ou retirant une certaine quantité d'effets , mettant en circulation une certaine quantité de capitaux, font fur-le-champ baiffer ou hauffer les actions , éloignent ou ruinent les concurrens.

Auffi, dès qu'on voit dans le commerce des changemens trop fubits & confidérables, fans caufes connues, prifes des accidens ordinaires , peut-on affurer que l'impulfion vient de la banque, c'eft-à-dire, des gens à capitaux , à porte-feuille.

Enfin, l'objet du Négociant eft de répondre aux vues de fes correfpondans , par la qualité, la quantité des marchandifes, & les facilités, l'aifance qu'il donne pour les retours. Il affure par-là fon crédit, & eft employé préférablement à fon voifin. L'objet du Banquier eft de faire des affaires confidérables ,

détables, fur-tout d'en faire beaucoup (1),
affuré qu'on aura toujours recours à lui, s'il
a feul la correfpondance de tel ou tel
endroit, le débouché pour telle contrée.

Le commerce, comme l'on voit, eft un
état naturel; la banque un état factice, un
fimple intermédiaire, qui s'eft rendu néceffaire, fur-tout depuis que, par la découverte
du Nouveau Monde, l'argent eft devenu
marchandife.

On doit donc bien diftinguer le Commerçant du fimple Banquier : & dès-là, il eft
néceffaire de rétablir le premier, à Paris,
fur un pied honorable; de lui rendre la confidération que le Banquier a ufurpée, avec
une perte réelle pour le commerce. Car,
faute de fpéculations analogues, les groffes
maifons de banque, ne font pas, pour le
trafic, d'une utilité directe à la Capitale, à
l'Etat; tandis que de fortes maifons de
commerce, établies à Paris, rendroient au
Royaume un bénéfice immenfe qui paffe
conftamment à l'Etranger, & feroient de la
Métropole de 24 millions d'ames, le cœur
de l'Etat : le fang s'y porteroit, & de-là

____

(1) *Le Commerce & le Gouvernement*, &c. p. 125. 126.

G

reflueroit dans les Provinces. Entrons fur
cela dans des détails.

§. X X.

Projet de Commerce pour Paris.

La Suède (1), entres autres objets, donne
du cuivre, du fer, de l'acier, des mâts, du
goudron; l'Allemagne, du plomb, du fil de
laiton, du fer-blanc; des ouvrages de fer &c.;
l'Angleterre, de l'étain, du plomb, des draps,
& autres lainages &c.; l'Espagne, de l'or,
de l'argent, des laines, des favons; l'Italie,
des étoffes de foie, des favons, des huiles &c.;
la Flandre, des huiles de navette &c.; le
Levant, du coton, des foies, des drogues;
l'Amérique, du fucre, de la cochenille, de
l'indigo, des pelleteries, des bois de teinture,
du cacao. Cent Marchands de Paris tirent
immédiatement de l'Etranger; & comme
aucun d'eux n'a un commerce fupérieur de
beaucoup à celui de fes confrères, le Négociant Suédois, Allemand, Anglois &c., qui
fouvent eft feul à les fournir, n'a pas de

____

(1) *Le grand Tréfor hift. du floriff. Commerce des Holland.*
&c. p. 61. 62. 68. 75. 87. 103. 136. 138. 158. 161. 166.
The Britifh Merchant; 8vo. 1748.

raifon de les ménager. Il peut perdre, fans
que fon commerce en fouffre, le Marchand
qui ne feroit pas content de fes prix : un
autre l'en dédommagera par une plus forte
demande. Le Négociant étranger règle donc
en maître fes arrangemens avec Paris. La
concurrence des demandeurs lui affure le
débit de fes marchandifes, qu'il augmente
de cinq, de dix pour cent, felon les circonftances. Ainfi c'eft cinq, dix pour cent de
pris à la France, par l'Etranger, fur les objets
d'importation.

Le même calcul a lieu pour les marchandifes d'exportation. Plufieurs Fabricants
offrent à l'Etranger. Paris n'a pas de maifons
affez fortes pour enlever leur travail, &
compofer enfuite, en maîtres, avec celui-ci.
Dès-lors l'Etranger achéte au rabais. Met-
tons de même cinq ou dix pour cent. C'eft
donc encore cinq ou dix pour cent d'enlévés
à la France par l'Etranger, fur les marchandifes d'exportation : en tout, vingt pour cent,
ou le cinquième ; ce qui eft confidérable.

Faifons maintenant une fuppofition contraire. Paris, & par imitation les grandes
villes du Royaume, ont de fortes Maifons
de commerce, des capitaux immenfes employés au négoce. Ces maifons font la loi

à la Suède, à l'Angleterre, qui a befoin de vendre, & ne préférera pas 100,000 livres de commandes, fur fes prix, à quatre & fix millions, fur le prix de ces maifons. Le gain de cinq, dix pour cent, que tiroit l'E-tranger, refte donc à la France : & les Marchands particuliers, après avoir donné ce bénéfice à la grande Maifon de Commerce, qui traite avec l'Etranger, ne vendent pas plus cher en détail.

De même, une Maifon de 10,000,000 l., tire de Paris, ou d'autres parties du Royaume, au taux de la Place, telle quantité de mar-chandifes, & fait elle-même fon prix avec l'Etranger qui la lui demande, & fur lequel elle prend, outre fon propre gain, le béné-fice qu'elle a donné aux Marchands parti-culiers, aux Fabricans : par-là encore, cinq, dix pour cent de rapportés en France.

Tel eft le commerce des gros Fabricans, des Maifons très-opulentes, des premières villes de l'Europe. C'étoit celui du fameux Jacques Cœur, Argentier, ou Surintendant des Finances de Charles VII, en 1449; & dont les fecours pécuniaires furent fi utiles aux entreprifes de ce Prince (1). Cette exten-

______

(1) *Le grand Tréfor hift. du floriff. Commerce des Holland. Préface.*

sion de négoce n'augmente pas les prix pour les particuliers, dans les boutiques ; ils y sont toujours les mêmes : & c'est un cinquième du prix des marchandises, de dehors & de dedans, d'assuré à l'Etat.

§. X X I.

Objection contre ce projet.

VOILA, dira-t-on, le germe du monopole ; & ce monstre est si hideux, qu'il faut rejeter promptement tout ce qui semble le retracer, ou peut le produire.

RÉPONSE.

Remarquons d'abord que les personnes qui s'élèvent le plus contre ce crime d'Etat, sont souvent celles qui s'en rendent coupables de la manière la plus cruelle pour l'humanité. On crie au monopole, pour que le commerce des grains soit libre à tout particulier : la permission donnée, il s'en forme des amas, qui d'une année d'abondance, font une année de disette.

2°. Il n'est pas ici question d'objets de première nécessité, tels que le bled, le vin, que les Gouvernemens ne doivent jamais abandonner à l'avidité des calculateurs. Il s'agit principalement du commerce étranger : & rien n'empêchera le reste des Marchands de lutter contre ces fortes maisons de commerce ; ce qui produira un combat d'industrie, propre à faire ressortir, mettre en action toutes les ressources de la Nation.

Au reste, jamais la sévérité des loix ne parviendra à détruire le monopole. Ce vice infecte le commerce, dans la manière-même dont il se fait maintenant en France. Le Gouvernement pourra s'y opposer plus facilement, s'il voit de l'excès & de la manœuvre, dans les achats d'une maison connue : au lieu qu'actuellement ces achats se font clandestinement ; & souvent ceux qui, par état, devroient les empêcher, ont part au profit.

Au moins, dans le plan proposé, susceptible avec le temps d'améliorations, la Capitale du Royaume s'accoutumeroit à voir les richesses où elles doivent être, & non chez le Banquier, & le Financier ; le premier, proprement simple commis du Commerçant ; le second, chargé uniquement de remettre à l'Etat le produit des contributions du Royaume ; & quelquefois, par extension, par abus, de lui faire des fonds.

§. XXII.

Utilité de la réunion du Commerce, de la Banque & de la Finance.

CEPENDANT l'union de ces trois profeſſions, qui maintenant fourniſſent aux frais
du Gouvernement, ne pourroit qu'être au
Royaume d'un très-grand avantage, quoique
l'eſprit de l'une diffère eſſentiellement de
l'eſprit de l'autre.

La Finance ſimple, tire de l'Etat, pour lui
reporter (1) : c'eſt le nourrir de ſon propre
ſang. Il faut qu'à la longue le corps s'épuiſe.
Cinquante millions d'impôts font tout augmenter. L'Etat, qui ſe trouvoit obéré, croit
en devenir plus riche. Avec cette ſomme,
impoſée pour un objet particulier, par
exemple, pour la rente d'un emprunt fait
à gros intérêt (12 p. cent), par le Banquier
de la Cour (5 pour lui, 5 pour le prêteur,
2 de frais) ; avec cette ſomme, l'Etat n'a
tout au plus que de quoi payer l'augmentation de prix des fournitures : le fonds de
dette reſte toujours le même. C'eſt un vaſe
à moitié, que l'on veut remplir, en tirant

---

(1) Dutot, *Reflex. Polit. ſur les Fin.* &c. T. II. p. 143.

l'eau qu'il contient, & la reverſant enſuite
dedans. Inſenſiblement cette moitié-même
ſe trouve diminuée.

La Banque financière, par les emprunts,
hypothéqués ſur le crédit de la Nation, de
l'Adminiſtrateur des fonds du Royaume, ſur
le produit du commerce, ſur un plus grand
rapport des terres, de l'induſtrie, & ſur les
économies, attire l'argent de l'Etranger à un
taux plus bas que l'intérêt du commerce.
Bien conduite, en temps de guerre, elle
enlève aux ennemis même le fruit de leurs
avantages. En temps de paix, la Banque
fournit de quoi diminuer conſidérablement
les taxes, les impôts. En général elle rend
un Etat maître de tous les fonds de l'Europe ;
parce que les gros Capitaliſtes ne ſont d'aucune Nation. Ils placent où ils trouvent
ſûreté publique, reconnue : plus cet Etat
paye, s'il paye bien, plus on lui prête : voilà
ce qu'opère le crédit ; toutes les Nations
ſont tributaires de la caiſſe qui paſſe pour
la plus aſſurée. D'un autre côté c'eſt peut-être
la ſeule manière légitime, quoiqu'extrê-
mement dangereuſe, dont un Prince puiſſe
jouir du bien de ſes ſujets. Il demande à telle
condition, ſous telle hypothèque : on lui
prête, on le ſecourt librement. Mais il eſt

toujours à craindre que, promettant de rendre promptement, il ne demande trop, & que l'espérance du remboursement ne rende le prêt trop facile. Souvent un impôt simple, modique, & bien débattu seroit moins dangereux.

L'hypothèque, pour l'emprunt, paroît d'a- bord devoir être principalement l'économie des revenus d'un État. Mais les économies ont un terme ; elles sont sujètes à révolu- tion, & l'intérêt des emprunts doit être assis sur un fonds annuel, dont la solidité soit prouvée, manifeste. Cette base posée, dans le système actuel de l'Europe, on ne doit plus le capital.

Ce fonds, dans les Gouvernemens oppres- sifs, est un nouvel impôt, égal à l'intérêt de l'emprunt, & même, par prudence, plus fort : voilà comme les Etats s'abîment. Il ne peut se trouver légitimement, ce fonds, que dans le commerce ou intérieur, du produit des manufactures, des arts, ou extérieur.

C'est donc très-mal voir que de favoriser une de ces branches aux dépens de l'autre. Agriculture, manufactures, industrie, com- merce du produit de ces trois fonds de ri- chesses, commerce de l'argent, tout cela est nécessaire, est également noble dans un

grand Etat. Mais le commerce en général
eſt le lien de tout : il forme la communication. Comment les autres profeſſions , qui
ne peuvent ſubſiſter ſans lui , ſe ſont-elles
arrogé à elles ſeules, une conſidération qui
lui eſt due, & que toutes les Ordonnances du
monde ne peuvent l'empêcher de mériter !

§. X X I I I.

Ce qui nourrit en France le préjugé contre le Commerce. Nouvelle Nobleſſe.

On ſait maintenant d'où vient en France
le préjugé contre le commerce. Un ouvrage
tel que celui de M. de Monteſquieu, étoit
très-propre à le perpétuer. Ce qui doit l'enraciner encore davantage , c'eſt la conduite
que tiennent un trop grand nombre de gens
de lettres. Ils voyent les hommes parvenus,
recherchent leur table, ſont leurs complai-
ſans. Or, ceux-ci témoignent un mépris qui
tient de l'averſion pour l'état dont ils ſont
ſortis (heureux même quand ils peuvent le
nommer), croyant que par-là les perſonnes
qui ne les connoiſſent pas , ſe trompe-
ront ſur leur extraction.

Eſquiſſons ici la progreſſion ſelon laquelle,

depuis 60 à 80 ans, on paſſe en France, dans l'Ordre de la Nobleſſe.

Le Commis, avancé dans la Finance, & le Marchand qui a amaſſé de gros biens, achètent une charge de Secrétaire du Roi. Les voilà Nobles (1). Le fils aîné ſiége dans

---

(1) » Cette multitude do Charges (elles paſſent 4000) » qui donnent la Nobleſſe, & qu'on peut acquérir à prix » d'argent, entretiennent un eſprit de vanité, qui engage » à renoncer aux établiſſemens de Commerce ou de Ma- » nufactures, au moment où, par l'accroiſſement de ſa » fortune, on pourroit y donner la plus grande étendue; » époque précieuſe, où l'on eſt plus que jamais en ſituation » de lier ſes travaux & ſon induſtrie à l'avancement de la » proſpérité de l'Etat : c'eſt alors, en effet, que les Né- » gocians peuvent ſe contenter d'un moindre intérêt de » leurs capitaux; c'eſt alors qu'ils peuvent faciliter le » commerce d'exportation par des avances; c'eſt alors qu'ils » peuvent haſarder davantage, & ouvrir, par des entre- » priſes nouvelles, des routes encore inconnues. Je crois » donc que toutes les diſpoſitions publiques qui augmen- » tent ou favoriſent les vanités étrangères à l'état dans » lequel les divers citoyens ſe trouvent placés, ſont con- » traires à une ſaine politique. Je n'héſite point à dire que » ces diſpoſitions arrêtent, en France, le développement » entier des forces & du génie du Commerce; & que » c'eſt-là une des cauſes principales de la ſupériorité que » conſervent, dans pluſieurs branches d'affaires, les Na- » tions où les diſtinctions d'état ſont moins ſenſibles, & » où toutes les prétentions qui en réſultent, ne ſont pas

une Cour souveraine ; le second, entre au
Service. Le fils du Procureur est Avocat,
quelquefois membre d'un Tribunal supérieur.
Le petit-fils, s'il a des biens proportionnés,
achète une charge de Président ; & ses enfans,
alliés aux Ducs & Pairs, aux Princes, font
placés au premier rang dans le Militaire, dans
le Clergé, dans la Robe.

Cependant ne crions pas tant contre cette
progression : elle est de tous les pays, de
tous les siècles, seulement à intervalles plus
ou moins longs, à plus ou moins de degrés.
On a beau cacher le *vilain* sous des piles de
parchemins & d'armoiries, il se trouve toujours quelque main jalouse ou simplement
indiscrète, qui sçait le déterrer.

Mais cette Noblesse d'argent est celle qui
craint le plus, qu'un Ordre de Citoyens
vraiment utiles, ne reçoive en France la
considération qui lui est due. Les Princes,
les grands Seigneurs d'extraction, les hommes
qui doivent à leurs qualités personnelles le
rang qu'ils tiennent dans l'Etat, font cas du
mérite simple, pauvre, sans parure, sans

» un objet continuel d'occupation «. *De l'Administration
des Finances de France,* par M. Necker. 1784. T. III. p.
145. 148. 149.

généalogie. Leur naissance, leurs places les mettent au-dessus de la crainte qui tourmente l'homme nouveau. Pour celui-ci il faut des broderies, des dentelles, des chapeaux à la Henri IV, des Marquisats, Baronies, &c. Jamais *Monsieur* ni *Madame* tout court, dans la simple conversation : c'est toujours, comme dans les romans, le *Chevalier* & l'*Abbé*, qui s'entretiennent avec la *Comtesse*.

Au reste, rien de plus naturel. Le petit homme porte des talons de deux pouces ; le nain monte sur des échasses. C'est pour cacher une existence mince & frêle, que l'homme de fortune se grossit de titres, se bariole, se couvre de cordons. Mais le laquais, que son camarade, dans l'antichambre, appele Montmorenci, est toujours laquais.

Les Gens de Lettres, qui ont assez de bon sens pour remarquer le foible des riches qu'ils fréquentent, le leur passent : c'est le Directeur qui glisse sur la passion favorite. Mais plusieurs prennent l'air de la maison, affectent une naissance qu'ils n'ont pas, se dépaysent en changeant de nom.

Tout est recherché, dans ces assemblées hebdomadaires ; manière d'entrer, de s'af-

feoir, ton de voix, expreffions, meubles ;
habits, modes, poudres, odeurs, mêts ;
paftilles ambrées, qui roulent éternellement
dans la bouche : & ce font des Philofophes !

Omnis Ariftippum decuit color, & ftatus & res (1).

On y admet les grands Seigneurs : cela
leur donne un air d'efprit ; & les Philofophes
ont des raifons pour, finon les aimer, au
moins les ménager.

On y affigne les places au mérite, le prix
aux ouvrages : on dégrade les auteurs, ou on
leur donne la célébrité, felon les rapports
avec la fociété ; & les Arrêts de ces Tribunaux font confignés dans les feuilles pério-
diques, les plus en vogue.

Pour être réputé membre vivant, il faut
tenir à la fecte du lieu : l'homme franc, qui
n'a pas fui le joug de l'opinion, eft toleré
comme *animal fingulier* ; & ce genre de per-
fonnage trouve fa place dans une grande
ménagerie : mais il n'eft pas aimé.

Malheur aux débutans en Littérature, qui
portent à ces auditoires de parti, les prémices
de leurs talens. Le breuvage des louanges,

____

(1) Horat. Epift. 17. lib. 1.

préfenté dans la coupe de Circé, les enivre.
Ils y entrent purs, dans leur forme naturelle,
avec un caractère à eux : ils en fortent,
troupeau immonde. Et c'eft le public, à
l'impreffion, qui leur apprend cette méta-
morphofe.

Les mœurs auftères y font fouffertes ; il
faut un peu de tout : mais c'eft l'homme
à la mode, ordinairement complimenteur,
qui donne le ton. On parle Opéra, Comédie,
Anecdote du jour, nouvelle Actrice, dîner
à la campagne, café de l'Abbé tel, loto avec
des élégantes, fouper où l'on s'eft ennuyé
à la mort : quelques complimens à la Mai-
treffe de la Maifon. Cela s'appelle voir les
honnêtes gens, la bonne compagnie. Du
refte, jamais deux raifonnemens de fuite ;
ce feroit difputer.

S'il falloit choifir, je préférerois le Club
Anglois, où pour fon argent, rétiré dans
un coin, on peut, fans être obligé de parler
à perfonne, voir une cinquante d'ombres,
couvertes d'une juppe boutonnée de la tête
aux pieds, une perruque bouffante, un chapeau à la matelote fur les yeux, arpenter
une falle obfcure, boire punch, thé, lire
l'*Evening Poft*, & fortir fans avoir dit quatre
mots en deux heures.

Jamais, dans nos sociétés choisies, ces distinctions ridicules, qui font honte à l'humanité, ne sont attaquées ; jamais les vices brillans ne sont censurés : les amis sont frères, & les frères n'ont pas de défauts. On s'occupera d'un accident funeste, mais non de ce qui touche proprement le pauvre, le malheureux, d'état ou de naissance. Pour être plaint, secouru, il faut avoir l'air intéressant ou être recommandé à la *Philantropie.* Le Peuple est constamment relégué par nos beaux esprits, bien vêtus, bien chauffés, bien nourris, à peu près au rang des bêtes. On crie à l'intolérance ; car ce sont des Philosophes : & l'on s'enthousiasme pour un Ecrivain qui nie l'égalité des hommes sortis des mains de la nature, qui se fait adresser des lettres de compliment par le Congrès de Philadelphie, & dans le même temps a la bonne foi de qualifier d'*inconsidéré* le Traité de la France avec les Insurgens, de la France, *moins juste* en cela que l'Espagne & d'ajouter qu'elle auroit dû les retenir par le *besoin des secours* (1). Revenons au commerce.

____

(1) *Histoire Philosophique &c. des Etablissemens &c. Supplém.* p. 159. 171.

§. XXIV.

§. X X I V.

Suite de l'Edit de 1701.

» Voulons (1) & entendons pareillement,
» dit Louis XIV, que dans les Provinces,
» Villes & lieux, où les Avocats, Médecins
» & autres principaux Bourgeois, font admis
» aux charges de Maires, Echevins, Capi-
» touls, Jurats, & premiers Confuls, ceux
» des Marchands qui feront le commerce
» en gros, puiffent être élus concurrem-
» ment auxdites charges, nonobftant tous
» Statuts, Règlemens & Ufages contraires,
» auxquels nous avons expreffément dérogé
» & dérogeons par ces préfentes.

A Paris, les Marchands en détail, comme
en gros, achètent une charge de *Quartinier*,
& deviennent Echevins à leur tour.

On eft fâché de voir une profeffion, qui
tient à la nature, néceffaire, par conféquent
Noble, n'être admife en quelque forte que
par grace aux Places Municipales, concurremment avec des états, auxquels les paffions
feules, & les maux phyfiques ont donné
naiffance. D'ailleurs quel rapport les fonc-

---

(1) *Forbonnais, lib. cit.* p. 179.

H.

tions de Médecin, de Chirurgien, ont-elles
avec les matières d'Adminiſtration civile,
dont un Maire, un Echevin, un Conſul
doivent s'occuper?

Suite de l'Edit de 1701.

» ENTENDONS (1) pareillement, que les
» Marchands en gros puiſſent être élus Con-
» ſuls, Juges, Prieurs & Préſidens de la
» Juſtice conſulaire, ainſi que les Marchands
» reçus dans les Corps & Communautés des
» Marchands, qui ſe trouvent établis dans
» pluſieurs Villes & lieux du Royaume. Vou-
» lons auſſi que le Chef de chaque Juriſdiction
» conſulaire, de quelque nom qu'il ſoit ap-
» pelé, ſoit exempt du logement de Gens
» de guerre, de Guet & Garde, pendant le
» temps de ſon exercice «.

Ces exemptions ſont juſtes. L'état de Juge
du commerce demande une tranquillité d'eſprit, que le boulevaris des logemens Militaires, &c. ne comporte pas. C'eſt encore
avec raiſon que la Préſidence conſulaire eſt
rendue commune aux Marchands en gros
& Marchands en détail. L'état étant abſo-

____

(1) *Ibid.*

lument le même, toute diftinction devient
abufive, odieufe.

Suite de l'Edit de 1701.

» ET pour conferver (1) autant qu'il eft
» en nous, la probité & la bonne foi dans
» une profeffion auffi utile à l'Etat, nous
» déclarons déchus des honneurs & préro-
» gatives ci-deffus accordés, ceux des Mar-
» chands & Négocians en gros, auffi-bien
» que les autres Marchands qui auront fait
» faillite, pris des lettres de repos, ou fait
» des contrats d'attermoyement avec leurs
» créanciers «.

En fait de commerce tout doit être égal,
parce que les opérations ont pour bafe les
lumières, l'expérience & la bonne foi, mères
du crédit. Le Négociant ne confie pas fes
fonds à la qualité de Gentilhomme, mais
à ce que la renommée lui apprend du perfonnel de tel homme avec qui il a deffein
de contracter.

Lorfqu'un Grand a quelque chofe à traiter
avec un Négociant, il dépofe fes titres, qui
n'ajoutent rien au mérite, à la probité, au

____

(1) *Ibid* & p. 180.

H 2

crédit ; comme le chapeau de Cardinal ne
donne pas les talens de Général ; ni le bâton
de Maréchal, les connoiffances que doit
avoir le chef de la Juftice du Royaume.

Dans la formation de l'ancienne Compagnie des Indes, on n'a pas eu affez d'égard
à ces confidérations. L'établiffement des
Syndics, pris chez les grands Seigneurs, étoit
comme je l'ai dit dans un autre ouvrage (1),
un vice réel dans une fociété de commerce.
De même, dans les Académies, où le mérite,
préfumé par l'ancienneté, doit feul régler
les rangs, cette diftinction d'*Honoraires* &
d'*Affociés*, & la préféance affectée aux premiers, rabaiffent les talens, humilient les
lumières, & peuvent éloigner des fujets de
tous les états, propres à cultiver les lettres,
à les illuftrer. Dans les Corps Militaires,
dans la Robe, ceux qui tiennent les premiers
rangs, ont paffé par les derniers grades.
Tout Magiftrat a d'abord été reçu Avocat:
& dans une Compagnie uniquement confa-
crée à l'Inftruction, à peine eft-on nommé,
qu'on préfide, comme Honoraire, des Gens

______

(1) *Plan d'Adminiftration pour l'Inde* ; dans la *Defcription Hiftorique & Géographique de l'Inde.* Berlin, 1788.
T. III. prem. Part. p. 28.

de lettres, le plus souvent sans l'être soi-même ! On est Honoraire, sans preuves, en entrant, tandis qu'ailleurs ce titre n'est donné qu'à ceux qui quittent le corps, après avoir exercé les fonctions un certain nombre d'années !

Généralement, en France, l'homme de qualité, l'homme puissant, s'il n'a beaucoup d'esprit, un grand fonds de bon sens, oublie difficilement l'importance attachée à sa naissance, au poste qu'il occupe, à son rang, même dans les affaires qui n'y ont aucun rapport, où elle est déplacée, où elle pourroit nuire : c'est toujours M. le Duc, Monseigneur qui parle, qui en conséquence a raison, peut-être, sur l'époque de la guerre de Troye, la nature de l'Epopée, les rapports du commerce de l'Inde avec celui de l'Europe, les procedés d'un Art, d'une manufacture, qui demande dix ans d'étude & de travail.

D'un autre côté, le simple particulier, l'homme de lettres n'a pas avec les Grands, qu'il croit toujours au-dessus de lui, cette aisance d'égalité, que son caractère devroit au moins lui donner dans les choses où il est réellement leur égal, où il doit l'être, & même souvent l'emporter sur eux par ses lumières, son expérience.

Le Négociant, accablé par la distance des rangs, ne connoît pas cette facilité de commerce, qui fait le caractère du Marchand Anglois ou Hollandois.

Il arrive de là que les affaires traînent, que les matières sont traitées superficiellement ; si même quelquefois la prépondérance du Syndic, de l'Honoraire n'influe pas sur le fonds comme sur la forme.

Quant à la protection que des Syndics, des Honoraires ou autres Adjoints, choisis parmi les Grands du Royaume, peuvent procurer, c'est un prétexte dont on devroit être revenu. Lorsqu'un Corps a des affaires avec les Gens en place, ceux - ci auront généralement plus d'égard aux représentations, motivées des personnes du métier, qu'aux sollicitations en talons rouges.

§. X X V.

Précis des Observations sur les deux Edits de Louis XIV.

Je résume en deux mots les principes établis dans l'espèce de commentaire, que j'ai cru, avec la soumission due aux Ordonnances de nos Rois, le respect dont se sent pénétré tout bon François au nom de Louis-le-Grand ; que j'ai cru pouvoir ajouter aux deux Edits de ce Monarque fur le commerce.

Dans un Etat tel que la France, où le commerce, noble en foi, refpectable comme toutes les profeffions que la Nobleffe exerce, eft d'ailleurs d'une néceffité indifpenfable, on doit prévenir, ôter toutes les entraves qui peuvent le gêner, employer tous les moyens d'encouragement, tous les fecours propres à lui donner la plus grande étendue poffible. La diftinction du commerce de *mer*, de *terre*, *étranger*, en *gros*, en *détail*, en *magafin*, en *boutique*, laiffe dans l'efprit du François, trop foible encore pour juger les chofes ce qu'elles font, un refte de préjugé, qui l'éloigne de cette profeffion. C'eft donc directement fur cette diftinction que doit porter le Règlement vraiment patriotique qu'on pourroit donner relativement au commerce : déclarant cette diftinction abufive ; ftatuant en conféquence, que les réhabilitations ufitées pour le fait du négoce nefont pas néceffaires, ne l'ont jamais été ; que jamais Noble n'a dérogé, ni pu déroger, en exerçant le commerce en gros ou en détail, &c : rendant au Noble Commerçant, iffu de Nobles Commerçans, les honneurs & prérogatives

de la Nobleſſe, qu'il n'a point perdues,
quoiqu'il n'en ait pas joui ; comme l'eſclave,
qui recouvre la liberté, reprend ſimplement
ſon bien & ne réçoit pas un don : mais en
même-temps n'accordant à ce Nob, dans
le fait du commerce, aucune exemption des
impoſitions miſes ſur la profeſſion. L'Officier
Gentilhomme, le Magiſtrat Gentilhomme,
n'a pas, dans ſon état, d'autres prérogatives
que le Roturier du même grade.

§. X X V I.

Concluſion.

LOUIS XIV a fait le premier pas, en
déclarant, en 1669, & 1701, que le commerce de mer, en gros, n'ôtoit en France
ni la qualité, ni les priviléges de la Nobleſſe ;
en formant, en 1700, à l'inſtar du Conſeil
des Dépêches, du Conſeil Royal des Finances,
un Conſeil Royal de Commerce, dans lequel entre-
roient douze principaux Marchands, Négocians
du Royaume, ou qui auroient fait long-temps le
commerce (1), choiſis pour cela par les Villes
nommées en l'Edit de création, & les Marchands de ces Villes ; établiſſement qui a

____

(1) Forbonnais, *lib. cit.* T. IV. p. 169—171.

fait dans le temps la plus grande fenfation chez l'Etranger.

Il eft réfervé à Louis XVI, *le Marin, le Père du Peuple,* de faire le dernier pas, peut-être le plus difficile, parce qu'il eft décifif. 1°. En délivrant le commerce, en général, de quelque manière qu'il s'exerce, *Etranger* ou *National,* par *mer,* par *terre,* en *gros,* en *détail,* en *magafin,* en *boutique, avec étalages, enfeignes, ou fans ces indications extérieures,* de l'opprobre qu'un préjugé injufte, humiliant, barbare, a répandu, en France, fur la profeffion la plus utile à l'homme, profeffion qui tient à la nature.

2°. En créant un Miniftre du Commerce, diftingué de celui des Finances (1) : chaque diftrict demandant, par fon étendue, un homme tout entier, & préfentant fouvent des intérêts oppofés qu'il n'eft pas, en conféquence, du bien de l'Etat, de remettre dans la même main.

3°. En déclarant que deformais tous fes fujets, Nobles ou Roturiers, feront admis indiftinctement dans la Marine royale (2),

_____

(1) *Defcript. hift. & géogr. de l'Inde,* T. III. prem. Part. *Plan,* &c. p. 27.

(1) Il convient que le même règlement ait lieu pour le Militaire, en caffant l'Ordonnance anti-Françoife de 1784.

& y occuperont, felon l'ordre & la forme
des promotions, les poftes d'Officier, Capitaine, Chef-d'Efcadre, Lieutenant-Général,
Vice-Amiral, auxquels leur mérite, leurs
fervices, leur donneront droit de prétendre : & pour diminuer la fervitude des
claffes, qui fouvent nuit à l'Agriculture, &
venir au fecours d'infortunés, que la nature
a mis fous fa protection, puifqu'elle leur a
donné l'être dans fes Etats ; deftinant les
Enfans trouvés au fervice des vaiffeaux (1),
à l'accroiffement des Colonies, & dirigeant
leur éducation vers ce but. Dix à onze ans
eft l'âge où ces Enfans peuvent déja être employés comme Mouffes, dans les navires.

Ces trois points accordés à la Nation,
on ne verra plus nos voifins, nos rivaux,

---

qui exige des titres de Nobleffe pour donner fon fang à
l'Etat, au Roi, en qualité d'Officier. *Gaz. de Fr.* 24 Septembre 1784. Voy. fur cet objet le *Traité de l'Adminiftration des Finançes*, de M. Necker. T. III. p. 152. & la
réclamation du Royaume, ci-après §. XXXII.

(1) *Cahier de la Nobleffe du Bailliage d'Auxois.*

*Dans la falle fixée pour le lieu de fon Affemblée, elle a
élu, pour comparoître & affifter en ladite Affemblée des Etats-
Généraux, M. le Marquis d'*ARGENTEUIL, *Maréchal de
Camp, auquel elle donne les Pouvoirs & Inftructions qui
fuivent. p. 21. n°. 22.*

en reconnoiffant la France pour un Etat Maritime, traiter nos Commerçans *de fimples Facteurs*, de *Commis de Négocians*. La leçon eft dure, & c'eft un ouvrage Anglois, profondément penfé, qui nous la donne.

» Ces Etats, dit l'auteur, la France
» & l'Efpagne, ne font pas entrer dans les
» vues de leur politique la confidération
» due au commerce, au point qu'elle y
» feroit avantageufe ; la plupart des *Commer-*
» *çans*, en France & en Efpagne, qui ont
» relation avec l'Etranger, font plutôt des
» *Facteurs ou des Commis de Négocians étrangers*,
» *que des Entrepreneurs pour conduire ce commerce*
» *de leurs fonds* (1).

Mais l'homme eft un mélange de contradictions. Ce qui eft jufte en foi, emporte fon admiration, fixe pour le moment fes vœux : & fes pas tendent vers l'injuftice. Notre vie eft un combat continuel en faveur de l'art contre la nature ; & l'art ne plaît pourtant qu'autant qu'il imite la nature. Refpectant nos femblables, dans quelqu'état qu'ils foient, montrons le vrai,

---

(1) *Effais fur la nat. du Comm.* &c, trad. de l'Anglois, p. 320. 321. Dutot. *Réflex. Polit. fur les Fin.* &c. T. II. p. 143. 277.

affurés du fuffrage de l'homme vertueux ;
& laiffons faire au temps. On ne raifonne
pas contre les préjugés ; on ne répond pas
aux critiques : c'eft la barbe, l'habit long du
Mofcovite, la chique de l'Américain (1).

§. X X V I I.

Jusques à quand la France dédaignera-
t-elle les dons que lui a fait le Maître de
l'Univers (2) ! Placée entre l'Océan & la
Méditerranée, elle peut également partager
les tréfors que ces deux mers renferment.
Devenus pour fes Négocians des canaux
de communication, la première les porte
à l'Eft, aux côtes de l'Inde, de la Chine,
&c.; à l'Oueft, fur celles d'un continent
immenfe, que nos neveux verront auffi
peuplé, auffi riche, hélas ! auffi malheureux
que l'ancien Monde : la feconde leur
ouvre le fein de l'Afie, de l'Afrique. Et la
France n'a d'efprit que pour fe forger des
chaînes, qui la tiennent liée, garotée dans
fes Ports !

Il faut que des Etrangers lui apportent les

---

(1) Du Tertre, *Hift. génér. des Ifles de St-Chriftophe*, &c.
1654. p. 390—392.
(2) Dutot, *lib. cit.* T. II. p. 289.

productions du Nord (1), approviſionnent ces contrées de ſes propres denrées. Et la Marine de ſes Provinces Septentrionales, languiſſante, expirante, voit avec douleur des voiſins laborieux & intéreſſés, les Hollandois, ſe nourrir en quelque ſorte de ſa ſubſtance.

Qu'elle jète les yeux ſur ce Peuple avide, qui calculeroit le prix du ſang humain, ſi on le mettoit en vente. A quoi doit-il les ſuccès qui le rendent ſi orgueilleux, mais qui ne dureront pas, parce qu'il n'eſt que Commerçant? à ſon fameux Acte de Navigation, paſſé en 1660, qui défend aux Nations étrangères d'apporter chez lui d'autres marchandiſes, que celles de leur propre crû (2). L'acte publié, l'Anglois, juſqu'alors engourdi dans ſon Iſle, ſe réveille : mille bras travaillent dans les chantiers. Le Nord, l'Amérique lui fournit les matériaux d'une Marine qui doit faire trembler l'Univers ;

____

(1) *Le grand Tréſor du Commerce des Holland.* p. 84. 85. 103.

(2) Uſtariz, *Théor. & Pratique du Commerce & de la Marine*, tr. Fr. p. 91—97. *Eſſai ſur les intérêts du Commerce Maritime*, p. 222. 226. 227. 233. 240. 241.

Davenant's Diſcourſes on the publick revenues and on the trade of England. Part. II. 1698. p. 29. &c.

& il commence à s'enrichir, en les allant
chercher lui-même.

Que la France, chérie de la nature, se
garde bien de fermer ses Ports à aucun
vaisseau : la politique extérieure ne peut être
la même pour tous les Peuples (1). Mais la
prudence lui défend de favoriser, en dimi-
nuant trop les droits, l'entrée des marchandises étrangères, qui feroient tomber, par
leur bon marché, les Manufactures nationales. Il faut que ses enfans puissent vivre en
travaillant. De même ç'est mal calculer, que
d'employer les Hollandois pour le transport
des fournitures tirées de la Baltique, parce
qu'ils ne prennent que 12 à 15 livres du
tonneau (2). Si vous renoncez absolument
au voyage, ils augmenteront : d'un autre
côté, votre Marine une fois formée pour
ce commerce, les frais diminueront : &
quand ils resteroient les mêmes, les fortunes
qui peuvent en résulter, rendront à la France,
en consommations, l'excédent sur le prix

____

(1) *A new Discourse of trade*, &c. by Sir Josiah Child.
1694. p. 113. *Essai de l'hist. du Commerce de Venise.* p. 3.
note (*).

(2) *Requête au Roi par le C. de Bourzolle*, relativement à
la Navigation du Nord, 1788. p. 15.

Hollandois ; votre force augmentera par la diminution de celle de votre voisin.

L'Univers entier a besoin des fruits précieux que produit le sol de la France, même des enfans de sa gaieté ; si l'on veut, de sa frivolité. Il faut donc qu'elle reçoive tout en échange : mais l'échange cessera, si l'introduction mal assortie, mal balancée des marchandises étrangères, étouffe le germe de l'industrie nationale. Un Peuple qui habite un aussi heureux climat, peut beaucoup laissé à lui-même : il feroit l'impossible, si l'on secondoit son activité (1). C'est lui lier les bras, éteindre chez lui la chaleur vitale, que de placer à côté de l'ouvrier, qui présente à l'acheteur le fruit de son travail, une marchandise étrangère propre à le remplacer, & que la diminution des droits, met à un plus bas prix.

Le préjugé de dérogeance, comme une rouille invétérée, perce, ronge la mine où naissent les fonds de l'Etat, des Citoyens ; où ils se reproduisent journellement. L'homme qui nourrit la France, qui alimente les quatre parties du monde & lui en présente le tribut, cesse chez elle d'être Noble ! Elle a aboli

---

(1) *Le gr. Trésor hist. du Commerce des Holland.* Préface.

l'efclavage, la main-morte, dans la prefque totalité de fes domaines. Elle renoncera à l'infâme, à l'atroce commerce des Nègres. Pourquoi ne pas augurer favorablement d'un Royaume où tout femble réuni pour le bien de l'homme, au phyfique & au moral? Oui, la France proclamera honorable, & dès-là digne de l'homme Noble, du Gentilhomme, ainfi que la Magiftrature, l'Etat Militaire, tout commerce, de quelque manière qu'on l'exerce, aboliffant, déclarant non avenue toute loi contraire, comme injurieufe à l'humanité, au caractère françois (1). Les premiers bienfaits du Roi nous garantiffent celui - ci.

§. X X V I I I.

Nouvelle raifon de relever le Commerce en aboliffant la Dérogeance, prife de l'état où fe trouve la Nation.

LES abus ont un terme; l'édifice s'écroule, fi on ne le répare pas. Telle eft la fituation critique de la Monarchie Françoife, en 1789.

____

(1) Ici finiffoit l'Ouvrage terminé en 1781, & qui devoit être imprimé en 1782 à Neuchâtel. Le refte a été ajouté depuis.

L'infouciance

L'infouciance , ou le peu d'habileté des Miniſtres (jamais je n'attaquerai leur probité) nous a conduit ſur le bord du précipice. Le mal eſt grand : mais peut-être l'exagère-t-on ; car l'homme s'effraye auſſi aiſément qu'il ſe tranquillife. D'ailleurs il y a toujours eu dans les Etats des gens intéreſſés au trouble , de ces Artiſans de malheur , de ces êtres morts à tout ſentiment d'humanité , qui pompent le ſang des vivans.

Raiſonnons , s'il ſe peut , tranquillement ſur la criſe actuelle. La dépenſe , dit-on, dépaſſe énormement la recette : 60, 70 (1) & même 130, 140 millions de *Deficit*.

On me permettra de diſtinguer. 1°. Ce *Deficit* n'eſt pas *foncier* ; c'eſt-à-dire, qu'il n'offre pas une nouvelle Dette de 1400 millions, ou même de deux milliards, ſix ou huit cens millions , au principal. Je défie que l'on montre l'emploi , & par conſéquent le *Deficit* d'une pareille ſomme. Il eſt donc queſtion d'un *Deficit paſſager* ; c'eſt-à-dire, de 60—140 millions pendant deux, trois,

---

(1) *Sur le Compte rendu au Roi en 1781. Nouv. éclair-ciſſemens par M. Necker p. 112. &c. Réponſe de M. Necker au Diſc. de M. de Cal. dans l'Aſſ. des Notab. p. 17. 23. 89.*

I

quatre ans. Et j'obferve fur cela : 2°, que
ces 60—140 millions ne font pas en totalité
le réfultat d'une dépenfe *réellement* faite. Une
partie confidérable n'eft que le taux exor-
bitant auquel, depuis vingt ans, on a monté
les différens Départemens de l'Adminiftration. C'eft un homme, vivant commodément
avec 50 mille livres de rente, à qui il plaît,
fans avoir de nouveaux fonds, de dépenfer
par an cent mille livres, & qui annonce qu'il
doit un million. Son Intendant & les nouveaux domeftiques, qui vivent à fes dépens,
peuvent avoir intérêt à foutenir cette prétention : moi, je vois clairement que ce
particulier doit une fomme de 50,000 livres,
dépenfe ajoutée aux 50,000 livres dont il
jouïffoit ; & que revenant à fon premier
état, de 50,000 livres par an, il n'y a plus
de *Déficit.*

On a donc tort de préfenter éternellement
ce *Déficit* de 60—140 millions, comme
un gouffre énorme à remplir par une nouvelle *Subvention.* Le Peuple, loin de pouvoir
donner un liard de plus, a befoin de fou-
lagement : la terre sèche, épuifée, repouffe
le fer de la charrue (1).

____

(1) Si l'on veut connoître exactement l'état d'oppref-

J'avoue pourtant que le Royaume, dans l'état de mort où il se trouve depuis plufieurs années, ne peut, avec ses revenus

---

fion, de fervitude, où fe trouve le peuple François, c'eft-à-dire, 24 millions d'hommes, fous le joug du Gouvernement, de la Nobleffe & du Clergé, formant enfemble peut-être 320,000 individus (*Obfervations lues à MM. les Repréfentans du Tiers-Etat de la ville de Bordeaux, le 11 Décembre, par M. Deladebat, Directeur & Commiffaire député de l'Académie des Arts. 1788. p. 10 & note (1)*), il faut lire deux excellens Ouvrages que la liberté, juftement réclamée, de la Preffe, vient de nous procurer. Le premier a pour titre : *Doléances fur les furcharges que les gens du peuple fupportent en toute nature d'impôts ; avec des Obfervations hiftoriques & politiques fur l'origine & l'accroiffement de la TAILLE ; fur l'affujettiffement du TIERS-ETAT du paiement de la totalité de ce tribut, & fur les moyens légitimes de foulager les Taillables, & de rétablir les Finances fans recourir à de nouveaux impôts. Par M. J. F. GAULTIER DE BIAUZAT, Avocat en Parlement, Membre du Confeil nommé pour l'Affemblée Provinciale d'Auvergne. 1788.*

Le deuxième Ouvrage eft l'*Ami du Cultivateur, ou Effai fur les moyens d'améliorer en France la condition des Laboureurs, des Journaliers, des hommes de peine vivans dans les Campagnes, & celle de leurs femmes & de leurs enfans. Par un Savoyard* (qui certainement mérite d'être naturalifé François), 1789. Voyez encore les *Cahiers des plaintes, doléances & demandes du Tiers-Etat de la Sénéchauffée de Vannes, en Bretagne. p. 26. 27. art. 145. & le Cahier des Charges du Peuple de la Sénéchauffée de Rennes. p. 54-56. 70.*

remplir tous les engagemens qu'il a con-
tractés ; que même l'ufure des emprunts
réduite, les rentes dont le principal n'a
pas été fourni , fupprimées , les dons &
échanges où il y a léfion manifefte, révoqués, la perception des impôts & revenus
actuels fuppofée complète ; j'avoue, fans
entrer dans d'autres détails, que la Nation
doit, parce que je vois, en fuivant les
évènemens, qu'elle eft dans la néceffité de
devoir.

En même-temps, feul peut-être, en France,
de mon avis, certe vue, qui m'afflige, ne
m'effraye pas. Le Peuple François eft Samfon,
rafé par le confeil de la perfide Dalila. Laiffez
repouffer fes cheveux; vous verrez fes forces
revenir (1).

Ceci demande quelques développemens.
1°. En 1714, la France a abandonné à la
Hollande le commerce d'importation &
d'exportation qu'elle faifoit dans la Baltique
& la Mer du Nord ; par cette ceffion, Dunkerque & les autres Villes Maritimes de la

---

Féodalité. art. 159—176. 210. Ce dernier morceau afflige
profondément l'humanité. Le payfan Breton n'eft prefque
qu'un ferf Polonois.

(1) *Jug.* ch. XVI. 19. 30.

Flandre Françoise, ont perdu leur marine, leur commerce; nos fonds, par ce tribut, ont augmenté la richesse de nos voisins (1). *Première cause d'épuisement.*

2°. En 1762, le Canada, perdu pendant la guerre, a été cédé à l'Angleterre; la Louisiane a été donnée aux Espagnols (2) contre le droit public de France, qui ne permet pas de démembrer le Royaume, sans le consentement de la Nation (3). Ces pertes ont accru la puissance de nos voisins. Notre Marine, privée d'une partie de ses rapports, est devenue languissante. Les objets de commerce, fournis par les deux points que la France venoit de céder, les Pelleteries & le

---

(1) Dans le Sund, en 1788, 3292 vaiss. Angl. 1500 vaiss. Holland. 62 vaiss. Franç. *Gaz. de Fr. 30 Janv.* 1789.

Essais sur la nature du Commerce, trad. *de l'Angl.* 1755. p. 320.

(2) *Histoire de la guerre commencée en 1756, finie en 1763.* 1769. p. 172. 177.

(3) » Que le Roi ne peut, par aucun Traité, aban- » donner quelque partie que ce soit de son Royaume, ni » aucune branche de commerce, sans le consentement des » Etats-Généraux «.

Mandats, Pouvoirs & Instructions de la Noblesse de Caux à ses Députés aux Etats-Généraux. 1789. p. 10. n°. 6. Zampini, *des Etats de France & de leur puissance.* trad. de l'Italien. 1588. p. 81.

I 3

Tabac, nous ont rendus tributaires des Etrangers, sans parler des fortunes de moins; fortunes que le Gouvernement partage toujours avec les propriétaires, par les consommations, les droits, les entrées. *Seconde cause d'épuisement.*

3°. En 1769, le Privilége de la Compagnie des Indes a été suspendu ; & le commerce du Pays rendu libre aux particuliers. Comme cet objet est mal connu en France, entrons dans quelques détails.

Le commerce au-delà du Cap-de-Bonne-Espérance, se divise en trois branches. La première, qui est la plus considérable, comprend la Presqu'Isle de l'Inde, Ceylan, les Maldives, avec les deux Golphes de Cambaye & de Bengale : la 2°, la Presqu'Isle de l'Est, Malac, Sumatra, Siam, le Pégou, Ava, Camboje, la Cochinchine, les Moluques, Manilles : La 3°, la Chine & le Japon.

Les Hollandois ont conservé le Japon avec la Chine. Ils sont maîtres des Moluques, de Ceylan, y commercent exclusivement. Ce monopole, n'étant pas dans la nature, ne peut pas toujours durer : encore ne les dédommage - t - il que difficilement de la diminution que leur trafic éprouve tous les jours dans la Presqu'Isle de l'Inde.

Les Anglois poſſèdent les trois branches du commerce au - delà du Cap, excepté Ceylan, les Moluques & le Japon.

Les François, lors de la deſtruction de la Compagnie, n'avoient que le commerce de la Preſqu'Iſle de l'Inde & de la Chine.

Première perte conſidérable, la Preſqu'Iſle de l'Eſt, & tout ce qui y avoiſine ; l'or par conſéquent, qui ſe trouve à Ava, au Pégou, à Siam, à la Cochinchine, à Aſem, Tripara, Camboje (1), ainſi qu'à la Chine & au Japon.

Mais, bornons-nous à l'Inde proprement dite. Le commerce de cette Contrée ſe partage en trois : 1°. Le Golphe de Cambaye, le Guzarate, & la Côte Malabare, 2°. La Côte de Coromandel, 3°. Le Bengale.

Les Hollandois, & ſur-tout les Anglois, font en entier ces trois commerces. Les François, à l'époque dont il s'agit, ſe contentoient du Bengale, de la Côte de Coromandel, & de Mahé, ou Calicut, pour le poivre, à la Côte Malabare.

Or, il eſt prouvé que le Golphe de Cam-

---

(1) *Le gr. Tréſ. hiſt. du floriſſ. Commerce des Holland.* p. 238. 239.

Dow, the hiſtory of Hindoſt. 1772. T. III. *Plan.* p. 125.

I 4

baye produit , pour le commerce , aux Hollandois & aux Anglois, autant & même plus que la Côte de Coromandel. Le trafic de ces Nations , à la seule Presqu'Isle de l'Inde , étoit donc d'un tiers plus considérable que celui des François, & cela depuis 1704, 1705 (1).

En général, compris le négoce de la Presqu'Isle de l'Est, celui des François, au-delà du Cap, étoit, depuis le départ de M. Dupleix, en 1754, à celui des Hollandois, environ comme 5 à 9.

Par l'abandon du Guzarate & du Golphe de Cambaye, les François se font privés, d'abord du débit d'un million & demi de marchandifes d'Europe, propres pour les marchés de Surate, portées sur deux vaisseaux ; & des cargaisons de retour de ces deux vaisseaux, montant environ à 5 millions. 2°. Du gain que donnent les voyages de Surate à Moka , à Baffora , à l'Isle-de-France, le long de la Côte Malabare ; du profit qu'on tire des cotons envoyés dans le Bengale & à la Chine ; de la vente des épiceries, à Surate même.

---

(1) *Mém. hist. sur la négociat. de la Fr. & de l'Angl.* 1761. p. 144. *Mém. de Dupl.* p. 213.

Ils se sont donc privés d'un capital immense dans cette Ville, & ont affoibli leur négoce à la Chine, au Bengale sur-tout, d'où sont partis les grands coups portés à l'Inde Françoise par les Anglois.

Ils ont en même temps renoncé aux ressources en vivres, argent comptant, &c. pour les Isles, les Escadres, la Côte même de Coromandel, que cette partie de l'Inde peut fournir en tout temps.

C'est mettre les choses au taux le plus bas, que d'évaluer, comme j'ai fait, ces différens objets, le tiers du commerce de la Presqu'Isle de l'Inde. Voilà ce que la France a négligé, sacrifié, depuis 80 ans.

Lors de la suspension du Privilége de la Compagnie, on s'est fort étendu sur la question : *Le commerce de l'Inde, doit-il être fait par une Compagnie à Privilége exclusif, ou laissé libre aux particuliers ?* Mais la première chose à examiner devoit être la nature même de ce commerce, son étendue, ses crises, ses variations, & si la Compagnie de France, qu'on disoit s'être ruinée en le faisant, tiroit de ce négoce le même parti que les autres Nations.

Est-il étonnant que, n'ayant en temps de paix, avec les mêmes dépenses, que *cinq* fources de gain fur *neuf* employées par fes rivaux, elle fe foit ruinée infenfiblement ; & que n'ayant, en temps de guerre, de ref-fources, de moyens à oppofer, de même que *cinq* contre *neuf*, elle ait éprouvé des revers dont le terme a été fa deftruction ?

Le Commerce de l'Inde, réduit comme on vient de le voir, n'a pas augmenté dans les mains des particuliers. Ce fquelette a occafionné des frais énormes d'armemens de terre & de mer, fans parler du Projet fur Madagafcar, fous le miniftère de M. de Boynes (1), en 1773.

Il eft un calcul bien fimple que les Gouvernemens ne veulent pas faire : le voici. Perdre, par exemple, un million ; c'eft déja être moins riche d'un million. Si votre rival, riche comme vous, d'un million, loin de le perdre, en acquiert un fecond, vous devenez moins riche de deux millions, quoique vous ne perdiez rien de nouveau ; parce que l'augmentation de bien, de puiffance, furvenue à votre rival, double fa force, & néceffite, de votre part, doublement de réfiftance, & par conféquent de frais.

Ainfi il ne fuffit pas de dire : réglons nos

____

(1) *Et. act. de l'Inde.* 1787. p. 14.

dépenfes, & laiſſons les Anglois s'enrichir (1).
Leur richeſſe opère notre pauvreté, par les
befoins que je viens de préfenter : il faut
donc que la France leur faſſe perdre , dans
l'Inde , la prépondérance en poſſeſſions ter-
ritoriales & en commerce dont ils jouiſſent ;
comme elle a fait en Amérique , par la
fciſſion des Infurgens ; ou qu'elle travaille
elle-même à faire revivre , dans ces contrées ,
la totalité du commerce auquel elle paroît
avoir renoncé. On fent le vuide que cette
multitude de fauſſes opérations, ces vacilla-
tions , ces alternatives de crédit & de dif-
crédit , ont dû produire dans les fonds de
l'Etat. *Troiſième cauſe d'épuiſement.*

4°. Il reſtoit à la France , détruite au-
dehors , ſon commerce national , ſes manufactures , ſon induſtrie : & mille impôts (la

---

(1) Tandis que nous dormons , les Anglois , fans bourfe
délier , viennent d'acquérir , près de *Maʒulipatam*, le
Diſtrict de *Gontour*, qui rapporte par an environ trois
millions de notre monnoie. (*Cour. de l'Eur.* 27 Mars, 30
Avril 1789. *Merc. de Fr.* 11 Avril 1789). Quand on aime
ſon prochain comme foi-même , on voit cela avec plaiſir.
Cependant la Philantropie aura peine à leur pardonner les
nouveaux impôts mis fur l'Indouſtan par le Lord Corn-
wallis , & la dernière famine du Bengale. (*Cour. de l'Eur.*
31 Mars. 10 Avril. *Gaʒ. de Fr.* 22 Avril 1789).

marque des cuirs , &c.) avoient déja exténué
ces fources de la richeffe publique. Quel génie
mal-faifant répand tout-à-coup, fur ma
Patrie, fon fouffle empoifonné! des marchandifes , au moins de feconde néceffité ,
par le Traité de Commerce avec l'Angleterre (le 26 Septembre 1786), font admifes
avec une diminution de droits qui les met à
plus bas prix que les marchandifes de même
efpèce fabriquées en France. Un morne
filence règne dans les atteliers ; les bras tom-
bent ; l'induftrie Françoife expire.

Au moins la marine marchande pourra
entretenir avec nos Colonies un trafic, dont
le fruit rapporté dans nos ports, rendra la vie
aux terres, aux Manufactures abandonnées.
Vaine efpérance. Le Règlement du 30 Août
1784, a permis aux Etrangers , plus prompts ,
plus avides que nous , le commerce dans
nos Colonies. Colbert fentoit le danger de
ce trafic pour la France , lorfqu'en 1671,
il fut , par des gratifications , enlever
aux Hollandois le commerce des bœufs
falés à nos Colonies (1). Depuis le Règlement de 1784, nos vaiffeaux difparoiffent.

____

(1) Forbonnais , *Recherches &c. fur les Fin.* T. III.
p. 94. 95.

Plus d'armemens. Nos ports font des folitudes. Il refte, pour combler la mefure, à établir une régie, un impôt, pour le déchirage des vaiffeaux, pourris faute d'activité, comme il y en a un fur la Seine pour celui des bateaux : il faut que le Batelier paye au moins cent fous, pour pouvoir dépecer fa barque qui eft hors de fervice.

Chofe remarquable! c'eft à la même époque où le peuple perd fon commerce, fa marine, qu'on lui interdit impérieufement le grade d'Officier dans les troupes, de Confeiller dans les Cours Souveraines (1). Que ne lui défend - on encore d'être honnête homme, éclairé, inftruit! Mais quel crime ont donc commis ces 24 millions d'hommes, que 200, 300 mille, non contens de les humilier (2), fe plaifent à écrafer, dont ils favourent le fang avec un plaifir, inconnu peut-être fous le règne féodal?

Cette Adminiftration funefte & barbare, a féché, a brûlé l'herbe jufqu'à la racine. *Quatrième caufe d'épuifement.*

____

(1) Voyez la réclamation du Royaume contre ces interdictions. *ci-après* §. XXXII.

(2) Le Clergé & la Nobleffe ont été préfentés au Roi, dans fon Cabinet, le 2 Mai; le Tiers-Etat, fimplement dans fa Chambre. *Gaz. de Fr.* 5 Mai 1789.

5°. Avant le fyftême des emprunts, qui a commencé fous Louis XIV, l'argent fe portoit aux terres, aux manufactures, au commerce : les impofitions mifes fur ces trois objets, faifoient le fonds principal de l'Etat : & l'on pouvoit dire que tout particulier payoit plus ou moins la protection qui lui étoit accordée par le Gouvernement. Depuis le fyftême de Law, en 1720, les efprits fe font tournés vers les rentes. Si la dette Nationale monte à 200 millions (1), c'eft-à-dire, 4 milliards de principal, fuppofant que les François y entrent pour la moitié, c'eft deux milliards d'enlevés au commerce, à l'induftrie, que ces deux millards auroient fécondés de la première main ; c'eft deux milliards de fouftraits aux impofitions que ces deux milliards auroient fupportées, convertis en terres, en manufactures, &c.

Ce goût pour les rentes, a dénaturé totalement le moral de la Nation. L'homme, accoutumé à recevoir fes rentes à l'échéance, fans peine, a cru que l'argent croiffoit au Tréfor Royal, comme le bled dans les plaines. Il a dédaigné le travail, l'a regardé d'un œil de mépris : tout a reflué vers les villes où

(1) *L'Ami du Cultivateur*, deux. Part. p. 104. note (*).

font les caiffes des Tréforiers. Se faire donner des penfions, placer fur le Roi, même à fonds perdu, fe livrer à un luxe, qui malheureufement a même corrompu les campagnes : il femble que l'on ait abfolument ignoré, qu'en derniere analyfe c'étoit l'homme de peine (1) qui alimentoit ces fources, jufqu'alors intariffables. Ou plutôt c'eft parce qu'on le favoit trop bien, que la partie abforbante a formé le projet de réduire, en France, la partie produifante, à l'état des Hilotes Lacédémoniens. De là viennent les Ordonnances & Règlemens dont j'ai parlé Nº. 4.

En même-temps l'Adminiftration, à mefure que le numéraire s'eft porté aux rentes, privée de ce que l'impofition lui auroit rendu, a augmenté les tailles, capitations, vingtièmes, &c. C'eft-à-dire que, pour fe dédommager d'un *Deficit* qu'elle caufoit, elle a fouillé jufqu'au fond de la mine des revenus Nationaux, & mis les bras qui pouvoient l'exploiter, dans l'impoffibilité d'agir.

Cinquième fource d'épuifement.

6°. Enfin, les exemptions doivent porter fur une gêne réelle, fur la difficulté extrême

______

(1) *Id.* p. 105. 107.

de remplir telle fonction, de payer telle fomme. Il eſt honteux, dans une ſociété bien
réglée, de prétexter le droit de ne pas faire,
quand on le peut, une choſe utile, néceſſaire
à cette ſociété ; de ſe prétendre, quand on
eſt en état de payer, exempt d'un impôt
deſtiné à ſoutenir cette même ſociété.

C'eſt donc improprement que la Nobleſſe
Françoiſe, ſouvent Nobleſſe d'un dégré, &
le Clergé, répètent *ad nauſeam*, qu'ils font
le *ſacrifice de leurs priviléges pécuniaires*. Rendre
ce qui a été uſurpé, n'eſt pas *faire un ſacrifice*;
c'eſt ſimplement *reſtituer*. Je parle ici de la
Nobleſſe riche : celle qui eſt pauvre a les
reſſources de la nature : il vaut mieux travailler que de mendier.

Cependant par cette multitude de charges
de Judicature, de Finance, de Municipalités,
même Militaires, nées de la boue fiſcale,
comme les inſectes d'un marais fangeux, les
exemptions, en France, même avec attri-
bution de la Nobleſſe tranſmiſſible, ont re-
pouſſé ſur les biens roturiers, une grande
partie des impoſitions, payées auparavant
par l'ignoble propriétaire ; toujours à la
charge de l'endroit où ſon domaine eſt
ſitué ; parce que le fiſc ne veut rien perdre,
ou plutôt eſt bien-aiſe de gagner des deux
côtés.

côtés. L'homme illuftré ne paye plus de taille, d'induftrie, &c : il trouve le moyen, ainfi que le riche Bénéficier, de faire modérer fes Fermiers. L'Etat fait une perte réelle : mais il a reçu le prix de la charge ennobliffante, c'eft-à-dire, une groffe fomme, argent comptant : le fucceffeur de l'Adminiftrateur en place s'en tirera comme il pourra.

Qu'on me permette ici une obfervation. Je fuppofe cent mille livres de revenu en terres partagées entre cent particuliers ; chacun mille livres. L'Etat prend les deux vingtièmes : c'eft dix mille livres : chacun paye cent livres. Je demande s'il y a proportion entre un homme obligé de tirer *cent* livres de *mille*, qu'il a pour vivre, & celui qui de 100,000 liv. en donne 10,000. Comme il y a un taux que le bon fens, la raifon, la juftice, fixent aux befoins, même aux jouiffances de convenance, fuperflues, il eft vifible que le poffeffeur des 100,000 liv. réduit à 50,000 livres, c'eft-à-dire, à moitié, ne fouffriroit pas tant, ne donneroit pas tant, que le propriétaire de mille livres, en en abandonnant cent : le denier de la pauvre veuve eft plus que la riche offrande de l'opulent.

K

Appliquons ces réflexions au Clergé & à
la Noblesse. On suppose qu'en France, ces
deux Ordres réunis, possèdent environ trois
cinquièmes des biens fonds du Royaume (1).
Ainsi *trois cent vingt mille*, ou trois cent
cinquante mille hommes, ont pour vivre
une somme plus forte que celle qui soutient
près de *vingt-quatre millions d'hommes.* La dis-
proportion est si grande, qu'en prenant le
dixième sur les vingt-quatre millions, &
la moitié sur les trois cent vingt mille, on
est encore effrayé de la détresse, à laquelle
les vingt-quatre millions sont réduits, tandis
que les trois cent vingt mille hommes na-
gent dans l'opulence.

Autre calcul : pour jouir sûrement de
900 livres, je paye cent francs, c'est-à-dire,
de mon nécessaire, la protection du Gouvernement. Et mon voisin ne donne que
10,000 livres, c'est-à-dire, une petite portion
de son superflu, pour la même protection
qui lui garantit 90,000 livres.

. Et c'est parce qu'il est très-riche, qu'il a
un superflu monstrueux, que Noble il ne
paye pas de taille, de corvée, &c. ; Ecclé-

____

(1) *L'Ami du Cultivateur*, prem. Part. p. 75. 76. not, (a).
deuxième Part. p. 178. 194. 197. 198.

fiaftique, il jouit de la même exemption,
de celle des vingtièmes : tous les deux, par
des abonnemens frauduleux, privent l'Etat
d'une partie confidérable de leur cotte de
contribution. *Sixième fource d'épuifement.*

§. X X X I X.

Suite du même Sujet. Plan de Rétabliffement.

QUE l'on évalue ces fix caufes d'épuifement, relativement aux douanes & autres
objets de rapport, prodigieufement dimi-
nués, on fera étonné que la recette de la
France ne fe trouve que de 60—140 millions
au - deffous de la dépenfe. C'eft que ce
Royaume eft un corps robufte, bien
conftitué, malheureufement couvert de
plaies, mais où le mal n'eft point parvenu
aux parties nobles. Pour guérir ces plaies
il a fallu les découvrir, ôter les bandages
dont une fuite d'empyriques les avoient em-
barraffées. Tâchons maintenant d'y appliquer
un baume falutaire. On peut tout attendre
de la force de la Nation, & du Monarque
que le ciel, dans fa miféricorde, a daigné
lui accorder.

Le plus grand mal, le mal inftant, eft

l'argent qui ne fe porte plus à l'Agriculture,
au Commerce : c'eft le fang qui ne va plus
au cœur. L'intérêt de l'argent réduit à quatre
pour cent, à trois & demi, fi cela eft poffible,
eft le premier remède qu'indique la prudence.
On offrira le rembourfement du capital à
ceux qui n'accéderont pas à la réduction.
On fçait que c'eft le moyen que l'Angleterre
employe avec fuccès, lorfqu'elle s'apperçoit
que le taux de l'argent, trop élevé, nuit à
l'achat des terres ou au commerce (1).

La moitié des propriétaires d'effets, ne pouvant plus conftituer ailleurs à cinq pour cent,
aimeront mieux paffer contrat à quatre que
de recevoir leur rembourfement. D'ailleurs,
tout Etat qui réduit fon intérêt, prêt à rendre
les capitaux fi on les demande, affure fon
crédit. Celui qui n'a pas intention de payer
ne craint point d'offrir dix & quinze pour
cent.

Il y aura, fi l'on veut, ftagnation pendant
quelque-temps ; l'agiotage, expirant, fera un
dernier effort ; les prêteurs particuliers em-

---

(1) *Inftruction donnée par la Nobleffe du Bailliage de
Blois, à MM. le Vicomte de Beauharnois & le Cheva-
lier de Phelines, fes Députés aux Etats-Généraux, & à
M. Lavoisier, Député fuppléant, le 28 Mars 1789. p. 27.*

ployeront les manœuvres d'ufage, pour ne pas perdre les cinq pour cent, fans que les contrats portent plus de quatre. On doit s'attendre à ces entraves, fruit naturel de l'habitude, paffée en nature, des cinq pour cent. Mais de la vigueur dans l'Adminiftration rétablira peu à peu l'équilibre. J'affurerois prefque qu'un emprunt feroit alors bientôt rempli. L'ordre, même gênant, rétablit la confiance. On fent que le bénéfice de la réduction, avec un emprunt, fuffiroit pour les rembourfemens exigés.

Quelle différence! de voir alors les François s'intéreffer au commerce, aux Manufactures, aux entreprifes Maritimes, à l'Agriculture, non pas en Marchands de bled, pour caufer la famine, mais en Propriétaires, qui cherchent à tirer du fein de la terre tout ce qui eft néceffaire à l'homme : il me femble que cela feroit plus digne de la Nation, que ce remuement de papiers de la Caiffe d'Ef-compte, de la Compagnie des Indes, de l'Emprunt de telle année, des Eaux de Perrier, des Loteries, &c. qui fait du Laquais un Garçon de Caiffe ; de celui-ci, un Banquier ou un Agent de Change ; de ce dernier, un Financier titré, à 100,000 livres de rente : & ruine fur la route vingt familles.

Mais gardons-nous bien de songer à rembourser actuellement les capitaux non exigibles ou non demandés. Ce seroit donner de nouvelles forces à nos rivaux, intéressés dans nos fonds, & nous affoiblir par un ordre absolument impolitique. L'Angleterre nous joue par son prétendu million sterling de remboursement : c'est la main droite qui prête ou rend à la main gauche ; & *vice versâ* (1).

Le moyen que vous proposez, ne peut, dira-t-on, opérer qu'à la longue ; & l'on sent le besoin du moment.

Si, toutes les réductions faites, les comptes examinés avec une sorte de mauvaise humeur ; car il est des momens où une Nation peut en marquer ; il reste encore, ce que j'ai peine à croire, des traces du *Deficit*, l'impôt général, sous le nom de *Subvention*, pour que le nom avertisse de la chose, mis en présence des Propriétaires, au prorata du rapport, sur tous les fonds (2) & biens quelconques, Nobles, Ecclésiastiques, Roturiers,

____

(1) Emprunt de 4 millions sterlings, annoncé. *Gaz. de Fr.* 5 Mai 1789.

(2) *Cahier commun des trois Ordres du Bailliage de* (LANGRES). 1789. p. 51. 53.

couchés fur le même rôle ; impôt perçu par
les mêmes Officiers, infcrit fur le même regiftre, fans diftinction ; le Prince du Sang, à
côté de l'humble Payfan, fuivi du Cardinal ;
comme , s'il eft permis d'employer cette
comparaifon , fur le regiftre des Baptêmes
ou M. le Dauphin fe trouve entre deux
habitans quelconques de Verfailles : cette
Subvention eft plus que fuffifante pour acquitter les dettes de la Nation & remplacer
tous les impôts diftinctifs d'Ordre , ou communs à tous, directs ou indirects, tels que
la taille, la capitation, les vingtièmes, les
aides, gabelles, corvées, &c.

Mais elle ne produiroit qu'une nouvelle
charge pour le Roturier, fi le Clergé & la
Nobleffe la payofent à part ; parce que le
démon des richeffes leur fuggéreroit dans des
temps opportuns, les moyens de fe délivrer
d'un fardeau, qui, par un cadaftre & une
manipulation générale, ne feroit pas effen-
tiellement lié, identifié à celui qui peferoit
fur le Roturier.

Il en feroit de même d'un impôt particulier, que les deux Ordres offriroient de
fupporter conjointement avec le troifième,
laiffant fubfifter les anciens à la charge de
chaque Ordre en particulier. Le réfultat feroit

qu'à la longue le pauvre Tiers toujours *taillé*, *gabellé*, auroit un impôt de plus, dont les deux autres Ordres sçauroient bien se débarrasser.

Un autre avantage, résultant de cette unité de *Subvention*, c'est que la Noblesse & le Clergé, qui, jusqu'ici, ont laissé accabler, par des *sous pour livre de la taille, &c.* le pauvre Cultivateur, opposeront au Gouvernement une résistance morale, plus efficace que toutes les Constitutions, étant eux-mêmes compris dans la répartition.

Les Corps de Magistrature, soutenant, par cette raison, leurs propres intérêts, mettront de même dans leurs représentations une vigueur que le simple amour de la justice, de l'humanité, n'inspire pas toujours.

L'essentiel est que, la Cour, les Corps Militaires, la Magistrature, le Haut-Clergé, daignent enfin donner les grades, les postes, au mérite, sans argent, sans avoir égard à la naissance. Tout François est Noble d'estoc & de sentiment, puisqu'il est François. Plus de vénalité dans les Corps : l'élection, comme du temps de Saint-Louis, avec l'agrément du Prince. Qui a pu croire que 80,000 livres faisoient un Magistrat, comme un Secrétaire du Roi ? Si la finance des charges à rembourfer embarraffe la Cour, la crainte d'un coup d'autorité, qui prive, & de la place, & du rembourfément, peut auffi rendre les ames flexibles, aux dépens de la juftice, du bien public. Le mérite éprouvé, les Corps électifs l'avoueront, offre généralement des perfonnages plus faits pour en impofer, & pour attirer la confiance. Le Roturier y étant admis comme le Noble, le Peuple peut dire qu'il eft jugé par fes Pairs.

De même la fotte exclufion du Militaire, prononcée en 1784, contre le Tiers, étant révoquée, & les exemptions attachées à la Nobleffe, abolies, la Cour n'aura plus fur ces Corps, par l'efpérance des graces, l'influence defpotique, qui les rend en quelque forte une arme Miniftérielle.

Mon objet, on le voit, eft de rendre à la Nation fon ancienne énergie ; énergie qui doit être indépendante des circonftances : car je crois peu aux contrats fynallagmatiques en préfence d'une armée de 200,000 hommes. Je ne crois pas davantage aux offres, promeffes, abandons emphatiques du Clergé & de la Nobleffe. Il fera temps de les remercier, quand les chofes feront faites.

Un dernier moyen eft la fuppreffion des Juftices feigneuriales & des Servitudes féo-

dales. L'homme de la campagne fe tiendra
toujours les yeux baiffés devant le Bailli
de fon Seigneur : & les fervitudes, telles que
les main-mortes, bannalités, corvées, &c. ;
les dîmes Seigneuriales & Eccléfiaftiques, le
preffent au point, que tout acquité, il lui
refte à peine de quoi manger & donner à
fa famille un morceau de pain noir. Quelle
force, quelle réfiftance attendre d'un homme
déja fous le joug, s'il plaît à des Miniftres
barbares d'augmenter, par de nouveaux impôts le poids de fes chaînes ? Délivré de la
crainte de fon Seigneur, qui n'eft, comme
lui, qu'un fujet du Roi ; délivré des fervitudes contraires au droit de l'homme ; fou-
lagé par la répartition exacte de la *Subvention*,
à portée de rembourfer les cens, redevances,
droits feigneuriaux, &c. (1), qui minent les
fonds & les profits de la culture, le payfan
marche tête lévée : l'Etat a des hommes ;
auparavant le Monarque ne commandoit
qu'à des efclaves.

Ici j'entens crier à la propriété. Etrange
abus des mots ! Le Huron, que l'on empêche de manger fon femblable, réclame la

____

(1) *Cahier de la Nobleffe des Bailliages de Touraine*,
p. 59. 60.

propriété : convenons donc qu'où il y a
léfion du droit naturel, il n'y a plus de
propriété ; fans cela, avec nos prétentions
au bon fens, à la Philofophie, nous ferons
auffi barbares que le Huron antropophage.
Oui, quoiqu'on en dife, fi un homme a
deux portions de nourriture, que fon voifin
n'ait rien à manger, & foit privé de tout
autre moyen de fuftenter fes jours, la feconde
portion lui appartient ; il a droit de la
prendre ; la nature l'ayant placé fur la terre
pour vivre. Cette morale déplaira aux égoïftes:
mais elle n'en eft pas moins l'expreffion de
la juftice éternelle, gravée dans le cœur de
l'homme, en caractères que des intérêts fac-
tices ne peuvent effacer.

Le Peuple François eft rendu à lui-même.
Plus de diftinctions infamantes ; de gênes,
de redevances abforbantes; de fyftêmes finan-
ciers, fifcaux, qui changent la direction des richeffes, des fecours faits pour alimenter l'Agriculture, l'induftrie, le commerce. Trois Nations, prefqu'ennemies, exiftoient en France,
le Clergé, la Nobleffe, le Tiers-Etat. L'unité
indiffoluble de la *Subvention*, n'en fait plus
qu'un Peuple. On s'eftime, on s'aime, parce
qu'on a des intérêts communs, des fonctions
communes, que le mérite, la probité, fans

(156)

naiffance, ne font plus des titres vains. L'honneur, qui conftitue le caractère national,
reprend un nouvel effor. Le François fçait
qu'il a feul le droit de fe taxer pour le bien
de l'Etat, qu'il a droit de concourir avec
fon Roi, à la confection des loix qui régiffent
la Monarchie, depuis le Prince, jufqu'au
dernier de fes Sujets. Ces droits font confignés dans les monumens de fon Hiftoire :
mais abafourdi, prefqu'anéanti, par une
longue fuite de vexations variées felon le caractère des Adminiftrateurs, à peine ofoit-il
lever les yeux vers le mortel qu'il aime le
plus, fon Roi. Le premier ufage qu'il doit
faire de fa liberté, eft de reprendre les avantages qu'une politique mal entendue lui a
fait perdre ; en conféquence :

1°. Recommencer la Navigation immé-
diate de la Baltique & de la Mer du Nord ;
pépinière de Matelots, & débouché pour
les Vins du Quercy & du Périgord (1).

2°. Se rétablir dans le Continent Septentrional & Méridional de l'Amérique : la
Guiane, bien adminiftrée, vaudroit tout le
produit de nos Ifles.

____

(1) *Requête au Roi, adreffée à Sa Majefté par le Comte de
Bourzolles, relativement à la Navigation du Nord.* 1788.
p. 4. &c. *Gaz. de Fr.* 16 Novembre 1784.

3°. Faire de nouveau le commerce des Indes Orientales, dans la plus grande étendue, sous le régime d'une Compagnie souveraine (1), sans projets de conquêtes, & sans souffrir celles d'aucune Puissance Européenne. Faire revivre, encourager les Pêches nationales (2).

4°. Enfin casser, comme illusoire, le Traité de commerce fait, en 1786, avec l'Angleterre : où il y a lésion manifeste, l'obligation cesse ; & l'on sçait que cette Puissance, par des entraves mises dans ses Etats sur la vente de nos marchandises, a déja sçu reprendre ce qu'elle avoit paru nous donner :

» Depuis le Traité de commerce entre la » France & l'Angleterre , disent MM. du

____

(1) La nécessité, pour le commerce de l'Inde, d'une Compagnie à privilége exclusif, & souveraine dans cette contrée, est l'objet d'un très-long morceau, qui fait la deuxième Partie de l'Ouvrage terminé par celle que je donne aujourd'hui.

(2) » Que la Pêche nationale sur-tout (qui est à la mer » ce que l'Agriculture est à la terre), & qui seule forme & » entretient pour l'Etat cette pépinière de Marins, sans » laquelle il ne pourroit armer ses flottes en temps de » guerre, soit spécialement encouragée ; & que toutes les » parties de la Navigation soient protégées. Elle languit » cependant, & en ruinant les particuliers, elle menace » l'Etat de sa perte «. *Cahier des Charges du Peuple de la Sénéchaussée de Rennes.* p. 61. art. 184.

» Tiers - Etat du Bailliage d'Etampes, nos
» Fabriques ne pouvant foutenir la concur-
» rence, font de beaucoup diminuées ; déja
» le tort qui en eſt réſulté, eſt très-conſidé-
» rable ; il fera incalculable dans pluſieurs
» années. L'on craint, en le rompant, de
» s'attirer une guerre, que l'on fe regarde,
» quant à préſent, hors d'état de foutenir.
» Les Etats - Généraux doivent examiner ſi
» cette crainte peut être fondée, & ſi d'ailleurs
» il ne vaudroit pas mieux en courir les riſ-
» ques, plutôt que de miner graduellement
» l'Etat, par ce Traité ruineux pour nous,
» qui enrichit nos voiſins (1) «.

Que le Ciel conferve le Bailliage d'Etampes ! voilà de braves gens. Qu'on ne nous
dife donc plus que la Nation a befoin d'être
régénérée. On peut détourner fon attention,
l'étourdir quelque temps fur fes vrais intérêts.
Mais le fang François coulera toujours dans
les veines du Tiers-Etat d'Etampes.

En un mot, foyons aujourd'hui, ce que
nous étions hier. L'un n'eſt pas plus difficile

---

(1) *Cahier du Tiers-Etat du Bailliage d Etampes , remis
à MM.* LABORDE DE MEREVILLE *&* GIDOIN, *Députés
aux Etats-Généraux, le* 14 *Mars* 1789. *chap.* VI. Commerce *, art.* 1. p. 39. 40.

que l'autre. Des Règlemens intérieurs pour la France, font bons, font néceffaires. Heureux le Miniftre, qui, guidé par les vues paternelles du Roi, éclairé, foutenu par les Repréfentans de la Nation, peut prendre pour bafes de fon Adminiftration, les droits de l'homme, ceux du François ; la fûreté perfonnelle, celle des propriétés légitimes ; la profcription du Gouvernement arbitraire. Mais cela ne fuffit pas. La *Subvention* mife fur les t ois Ordres également, diminuera ce que les deux premiers verfent, en confommations, fur la troifième. Or, l'œil du Régiffeur doit faifir tous les inconvéniens. Vingt-quatre millions d'hommes ne fe gouvernent point comme cent mille. Il faut à l'activité, à l'induftrie d'un Peuple immenfe des débouchés externes. Il les ouvre bien lui-même : fi on les ferme, fon fang fe coagule ; bientôt paroiffent des fymptômes de mort : le pas d'Achille n'eft point celui de la tortue : mais ce Héros ne courra point les fers aux pieds.

Je fouhaite que les perfonnes qui s'occupent par état, ou par caractère, du bien de la Nation, de fes pertes, de fes reffources, veuillent bien pefer les réflexions, que les circonftances m'ont fait ajouter au morceau

fur *la dignité du commerce*, compofé en 1781.
Je rends les chofes comme je les vois,
fans prétention. L'ancienneté d'un abus,
le nombre & l'autorité de ceux qui le foutiennent, n'ajoutent pas, à mes yeux, un
grain dans la balance. Il y a quinze ans que
je dis aux Anglois, que leur conduite dans
l'Inde eft atroce ; ce qui peut les piquer,
qu'elle choque le bon fens. Je répète de
même à ma Nation, que l'engourdiffement
eft fa mort ; l'extenfion de fon commerce
interne & externe, & de fa Marine, la feule
vie qui lui convienne. Le préjugé de dérogeance, attaché au trafic, eft un ver qui la
ronge. J'ai pourfuivi cet infecte dans les plis
& replis des vifcères où il s'eft caché jufqu'ici.
J'ignorois, en 1781, être l'organe de la Nation, préfenter fon vœu, plaider même la
caufe de la Nobleffe, en défendant l'honneur, la fûreté du commerce. L'extrait
raifonné que je vais donner, d'une multitude de Cahiers des trois Ordres, mettra le
fceau à tout ce qu'on peut dire fur cette
matière.

A Paris, le cinq Mai 1789.

§. XXX.

§. XXX.

Vœu de la Nation, pour que le Commerce soit permis sans déroger.

ETATS DE 1614.

NOBLESSE.

Normandie.

» (1) QU'IL soit loisible à la Noblesse de
» faire le grand trafic, & d'équiper Navires
» pour cet effet, sous les congés & formes
» accoutumées, sans pour ce être estimés
» dérogeans. Cela rendra l'Etat plus puissant,
» & les Cadets seront employés ; & afin que

---

(1) *Très-humbles Supplications & Remontrances présentées au Roi en l'Assemblée des Etats-Généraux, par les Nobles du Pays & Duché de Normandie, députés par les trois Ordres des sept Bailliages de ladite Province. Signés,* DE MOY LA MAILLERAYE, DE BOULINVILLIERS *Saint-Cère,* BRÉAUTÉ, VAUQUELIN, DE LONGAUNAY, ANQUETIL *Saint-Vast,* FLAVACOURT, FRANÇOIS ANSERAY *la Fontenelle.*

Copié sur l'Original qui se trouve dans les Archives de la Maison de Bréauté, que l'on a cru devoir insérer ici, parce que l'on n'a point de Cahiers de la Noblesse si bien digéré. Recueil de Pièces concernant l'histoire de Louis XIII. 1716. T. I. p. 136. & marge. 160. 197.

L

» ce commerce de la Mer foit libre, les
» Havres du Royaume entretenus en toute
» fûreté, & que la Nobleffe prenne courage
» de s'exercer à l'Art de la Marine. V. M.
» eft fuppliée d'entretenir....... vaiffeaux,
» à laquelle fin les deniers de la traite foraine
» feront employés, & ne pourront être dé-
» tournés ailleurs, pour quelqu'autre occa-
» fion que ce foit ; & que la Nobleffe de
» chacune Province aura les commandemens
» & Capitaineries des Navires de fa côte,
» & non autres «.

ÉTATS-GÉNÉRAUX DE 1789.

CLERGÉ.

Auxerre.

» QUE pour maintenir de plus en plus
» l'union entre les trois Ordres, fournir à la
» Nobleffe indigente les moyens de rétablir
» fa fortune, & donner en même-temps une
» nouvelle activité aux Manufactures, & au
» commerce, il n'y ait aucune profeffion
» dérogeante à la Nobleffe acquife ou à
» acquérir (1) «.

______

(1) *Cahier des Pétitions de l'Ordre du Clergé du Bailliage*

(163)

» Que Votre Majesté (les trois Ordres
» s'adreſſent au Roi) daigne conſidérer encore
» l'effet de ce malheureux trafic de la No-
» bleſſe ; il enlève au Tiers-Etat ſes membres
» les plus diſtingués, les détache de leurs
» utiles profeſſions, les arrache au com-
» merce, aux Manufactures, aux Arts, dans
» le temps où l'accroiſſement de leur fortune
» & les lumières de leur expérience, pour-
» roient multiplier leurs entrepreprifes, éten-
» dre leurs relations, & augmenter avec leur
» propre richeſſe celle de la Nation.

» Votre Nobleſſe, Sire, s'honorera tou-
» jours de s'accroître & de ſe régénérer par
» des Citoyens ſemblables à ceux qui les
» premiers obtinrent cette décoration, par
» des hommes, que leurs vertus, leurs ta-
» lens, leurs ſervices, dans l'Ordre Militaire ou
» Civil, rendent dignes de cette diſtinction :
» mais la pureté, la délicateſſe, l'élevation
» de ſes ſentimens, ſouffre de voir ſes hon-
» neurs accordés à l'argent & proſtitués à
» la richeſſe.

---

*d'Auxerre, pour ſervir d'inſtruction à ſon Député aux
Etats-Généraux de 1789. p. 12. nº. 45.*

L 2

» Anéantiffez, SIRE, nous vous en con-
» jurons tous, pour l'intérêt du Tiers-Etat,
» pour celui de la Nobleffe, pour l'intérêt
» général du Royaume, pour le vôtre même ;
» anéantiffez cette déplorable inftitution fif-
» cale, qui ofe infcrire dans fes tarifs la plus
» brillante des diftinctions : faites difparoître
» toute proportion, toute relation entre
» l'honneur & l'argent : mettez à la Nobleffe
» fon véritable prix : qu'elle foit toujours le
» prix du mérite & des fervices (1) «.

Je crois rendre juftice au Prélat ou Miniftre
vraiment patriote, à qui le bruit public attri-
bue l'excellent *Cahier de Langres*, en mettant
ce morceau au nombre des réclamations en
faveur de la nobleffe inhérente au commerce. L'abus des ennobliffemens à prix
d'argent, le tort qu'ils font à la Nation :
voilà ce que l'illuftre Auteur attaque, bien
éloigné de regarder comme dérogeans, des
fervices diftingués dans l'Ordre Civil, qui
perfectionnent le Commerce, les Manufactures, les Arts, & augmentent la richeffe de
l'Etat.

---

(1) *Cahier commun des trois Ordres du Bailliage de* ***
(LANGRES) p. 136. 137.

NOBLESSE.

Agenois.

» Nos Députés demanderont aux Etats-
» Généraux d'établir un moyen de donner à
» la Nobleſſe mal-aiſée la faculté de com-
» mercer, en attaquant le préjugé qui l'en
» empêche (1) «.

Artois.

» Les Nations éclairées ayant, dans tous
» les temps, jugé le commerce une profeſſion
» auſſi diſtinguée qu'utile, les Etats-Généraux
» inviteront la Nobleſſe Françoiſe à s'y livrer,
» & déclareront que, loin de déroger, tout
» eſt honorable dans une profeſſion, où les
» plus foibles commencemens offrent tou-
» jours l'eſpérance d'arriver par dégrés aux
» ſpéculations les plus importantes, & les
» plus utiles à la Patrie (2) «.

---

(1) *Cahier des Pouvoirs & Inſtructions des Députés de la Nobleſſe d'*Agenois, *remis à* MM. *les Duc d'*Aiguillon, *Marquis de* Bouran, *& Marquis de* Fumel Monségur, *élus Députés aux prochains Etats-Généraux, par l'Ordre de la Nobleſſe d'*Agenois, *aſſemblée à* Agen *au mois de Mars* 1789. p. 24. 25. n°. 14.

(2) *Cahier des Pouvoirs, Demandes & Inſtructions, que*

(166)

Cette déclaration eft franche, digne de la Noblefſe d'Artois. On eſt fâché après cela de lui voir dire :

» Perſonne ne pourra entrer au ſervice, » en qualité de Cadet ou d'Officier, qu'ils ne » ſoient Nobles, ſans entendre néanmoins » exclure du grade d'Officier, ni même des » grades les plus éminens, les Soldats qui au- » roient bien mérité de la Patrie (1) «.

Vous voulez vous enrichir par le commerce, comme le Roturier ; & vous ne voulez pas qu'il entre, comme vous, au Service de la Patrie, en qualité de Cadet ou d'Officier. Faut-il ainſi avoir deux balances ?

Auxerre.

» QUE les loix dérogatoires, qui tendent » à diminuer les reſſources qu'un Citoyen » Noble peut trouver dans l'exercice de pro- » feſſion honnête, ſoient abrogées ; & ſes

---

l'Ordre de la Nobleſſe de la Province d'ARTOIS donne à ſes Députés aux Etats-Généraux. Leſquels Pouvoirs & Inſ- tructions ne pourront avoir effet que pour un an, à dater du jour de la première ſéance de l'Aſſemblée de la Nation. p. 22. n°. 6.

(1) *Id.* p. 22. 23. n°. 8. & p. 24. n°. 13.

(167)

» (ces) profeſſions feront déſignées par les
» Etats - Généraux (1) «.

Auxois.

» Le Député propoſera qu'à l'avenir, la
» Nobleſſe pourra, fans déroger, s'occuper
» du commerce.
    » Le Député demandera, que les Etats-
» Généraux prennent en conſidération, tous
» les moyens qui pourront favoriſer le com-
» merce & l'induſtrie (2).

Bayonne.

» Les Nobles auront la liberté de com-
» mercer fans déroger (3) «.

---

(1) *Cahier des Pétitions de la Nobleſſe du Bailliage*
d'Auxerre & Donziois, *pour ſervir d'inſtruction à ſon*
Député aux Etats-Généraux de 1789. p. 28. nº. 5.

(2) *Cahier de la Nobleſſe du Bailliage d'Auxois,* &c. p. 17.
18. nº. 10. p. 21. nº. 23.

(3) *Cahier des délibérations propoſées par les trois Ordres*
réunis de la ville de Bayonne, *aſſemblés le 21 Mars 1789,*
pour procéder à l'élection de leurs Députés aux Etats-Géné-
raux ; précédé d'un Diſcours de M. le Maire de la ville de
Bayonne, *à l'ouverture de l'Aſſemblée. p. 38. nº. 73.*

L 4

Caux.

» Qu'il foit permis à la Nobleffe de faire
» le commerce en gros, fans déroger (1) «.

Château - Thierry.

» Que pendant la paix, il foit permis à la
» Marine Militaire de commercer, & que
» nos vaiffeaux de guerre y foient employés ;
» ce feroit un moyen de former une excel-
» lente Marine, & d'être dédommagés des
» frais immenfes qu'elle coûte à la Nation.

» Que toute efpèce de commerce foit per-
» mis à l'Ordre de la Nobleffe, même celui
» de détail, fans que pour cela elle déroge ;
» mais qu'il foit arrêté en même-temps,
» que le Gentilhomme qui s'occuperoit de ce
» dernier, feroit obligé de laiffer dormir la
» Nobleffe, jufqu'au moment où il abandon-
» neroit le commerce de détail, auquel il
» rentreroit de droit à la Chambre de fes
» Pairs, fans être aftreint à d'autre formalité,

---

(1) *Mandat, Pouvoirs & Inftructions que la Nobleffe du
Bailliage de* CAUX, *affemblée à Caudebec, donne à fes Dé-
putés aux Etats-Généraux, convoqués à Verfailles le 27.
Avril* 1789. *Députés MM. le Marquis de* QUAIRON, *le
Marquis de* THIBOUTOT, *le Comte de* BONVILLE. p. 17.

» qu'à celle de faire examiner fes titres, s'ils
» n'étoient pas fuffifamment connus (1) «.

Voilà qui eft formel. La Nobleffe de
Château - Thierry veut être riche : elle a
raifon. Cependant il n'y a de libre que le
pauvre ; j'en fçais quelque chofe. Mais
laiffons la morale. MM. les Nobles de
Château-Thierry defirent partager les avantages des Roturiers : dès - lors, pourquoi,
femblables aux Nobles de l'Artois, les ex-
cluent-ils durement des grades Militaires ?

» Qu'en confirmant, difent-ils, l'Ordon-
» nance qui eft en vigueur, les Gentilshom-
» mes & les fils de Chevaliers de St-Louis,
» foient feuls admiffibles dans les Régimens ;
» que les titres foient préfentés à un Tri-
» bunal (2) «.

L'article fuivant , foible correctif, ne

---

(1) *Cahier des plaintes , doléances & remontrances que
l'Ordre de la Nobleffe de* CHATEAU-THIERRY *, affemblée
en la ville de Château-Thierry, le* 1 *Mars* 1789 *, conformément à l'Ordonnance de M. le Lieutenant-géneral dudit Bailliage , en l'abfence de M. le Grand Bailli dudit lieu , rendue
en exécution des Lettres de convocation , des Etats-Généraux,
données par S. M. le* 21 *Janvier dernier , entend être humble-
ment préfentées à S. M. par fon Député aux Etats-Généraux.*
P. 45. n°. 72. p. 52. fuite du n°. 69.
(2) *Id.* p. 43. 44. n°. 55.

répare pas l'injuſtice de la demande pré-
cédente.

» Qu'il ſoit fixé & accordé par le Roi &
» par les Etats-Généraux un terme raiſon-
» nable pour donner la Nobleſſe au Mili-
» taire, & un grade d'Officier à celui qui
» aura bien ſervi ſa Patrie (1) «.

Un terme *raiſonnable* ; très-bien. Mais que
de peine à lâcher priſe ! le fort ne partage
pas volontiers : on connoît la chaſſe du
lion.

Condom.

» LIBERTÉ de commercer en gros, ac-
» cordée à la Nobleſſe du Royaume, confor-
» mément à ce qui ſe pratique en Bretagne
» (2) «.

Dourdan.

» (LA Nobleſſe demande) que le com-
» merce ni aucun emploi civil ne déroge

______

(1) *Id.* p. 45. nᵒ. 60.

(2) *Cahier de l'Ordre de la Nobleſſe de la Sénéchauſſée de*
Condom, *arrêté le* 14 Mars 1785, *pour être préſenté à*
l'Aſſemblée prochaine des Etats-Généraux ; remis à M. le
Marquis de Luſignan, *Brigadier des Armées du Roi, Dé-*
puté de la Nobleſſe. p. 6. art. 6.

» plus, pourvu que cet emploi ne foit pas
» fervile (1).

Gien.

» Le Député demandera que la Nobleffe
» puiffe exercer toute efpèce de commerce
» ou trafic, tant en gros qu'en détail, fans
» déroger (2).

Guienne.

» Les facrifices que la Nobleffe eft déter-
» minée à offrir pour le bien de l'Etat, ne
» doivent pas lui faire perdre de vue les
» Membres de fon Ordre, que le fort a
» dévoué aux malheurs de l'indigence. Sa
» générofité deviendroit injuftice, fi quelques
» nouvelles routes ne lui étoient pas ouver-
» tes, pour maintenir la balance qui doit
» exifter dans tous les Ordres de l'Etat. C'eft
» pourquoi les Députés demanderont aux
» Etats - Généraux de prendre en confidéra-
» tion la Nobleffe indigente. Ils propoferont

____

(1) *Cahier de la Nobleffe du Bailliage de* Dourdan, *remis
à M. le Baron de* Gauville, *Baron de la Forêt-le-Roi, Député : en cas d'empêchement, M. le Prince de* Broglie-Revel,
Grand Bailli d'Epée, Député fuppléant. p. 32.

(2) *Cahier des pouvoirs & inftruétions de l'Ordre de la
Nobleffe de* Gien, *remis à M. de* Villiers, *élu Député pour
les Etats-Généraux.* p. 30.

» de l'affimiler au régime & aux priviléges
» dont jouit celle de Bretagne, relativement
» au commerce, en l'affujétiffant aux for-
» malités preferites à cet égard (1).

Metz.

» QUE tout Gentilhomme puiffe laiffer
» dormir fa Nobleffe, fuivant l'ufage de
» Bretagne (2) «.

Paris.

» (LES Députés de la Nobleffe aux Etats-
» Généraux, s'occuperont) du commerce,
» pour l'encourager & le permettre fans
» reftriction à la Nobleffe (3) «.

---

(1) *Cahier de l'Ordre de la Nobleffe de la Sénéchauffée de* Guienne, *remis à fes Députés aux Etats-Généraux.* p. 15. n°. 8.

(2) *Cahier de l'Ordre de la Nobleffe du Baillïage de* Metz, *remis à M. le Baron de* Poutet, *Confeiller au Parlement, nommé directement par la Nobleffe,* le 14 Avril. p. 22. n°. 43.

(3) *Cahier & inftruction de MM. de la Nobleffe, du premier département féant au* Châtelet, *p. 13. M. le Comte de* Chabrillant, *repréfentant* MONSIEUR, *pour le fief du Luxembourg;* M. le Comte de Bourbon Buffet, *repréfentant* Monfeigneur Comte D'ARTOIS, *pour le fief de la Pépinière;* M. le Marquis de Champigny, *pour le fief de la Trémouille;* M. du Tremblay de Rubelle, *pour le fief de la Croffe,* dit Saint-Yon. id. p. 3. 4.

Périgord.

» Que la Nobleſſe jouiſſe dans tout le
» Royaume, comme dans la Bretagne, de la
» faculté de *dormir*, ſans déroger en ſe livrant
» au commerce *(1)* «.

Péronne, Montdidier & Roye.

» Que les Nobles puiſſent faire le com-
» merce ſans déroger (2) «.

Ponthieu.

» La Nobleſſe doit rentrer dans le droit
» dont elle a joui juſqu'à la promulgation
» de l'Ordonnance d'Orléans, en 1560, de
» prendre des Fermes à loyer, ſans encourir
» aucun reproche, ni fait de dérogeance
» (3) «.

____

(1) *Cahier de l'Ordre de la Nobleſſe des Sénéchauſſées du
Périgord, aſſemblées en vertu des Lettres de Convocation de
S. M., du 24 Janvier 1789. p. 14. 15.*

(2) *Cahier des Ordres réunis de la Nobleſſe & du Tiers-
Etat du Gouvernement de* Péronne, Montdidier &
Roye, *raſſemblés à* Péronne, *remis à MM. le Chevalier*
Alexandre de Lameth, *& le Duc de* Mailly, *Députés
de l'Ordre de la Nobleſſe; à MM. de* Buire, *de* Bussy,
Prevost & Dumetz, *Députés de l'Ordre du Tiers-Etat.
p. 28. n°. 15.*

(3) *Cahier général des trois Ordres de la Sénéchauſſée de*

(174)

Cela eſt juſte : la Nobleſſe de Ponthieu
devoit ajouter le commerce qui lui eſt défendu par la même Ordonnance & dans le
même article. Mais comment accorder la
juſtice diſtributive avec la demande ſuivante ?

» Toutes les Places de Sous - Lieutenans
» feront nommées par le Roi ſur la préſen-
» tation des Etats-Provinciaux ; elles demeu-
» reront réſervées aux Nobles, aux Ennoblis,
» aux Enfans des Chevaliers de St-Louis,
» & des Officiers morts au Service. Cette
» réſerve eſt néceſſaire, parce que d'après
» l'eſprit national la profeſſion des armes eſt
» eſſentiellement l'apanage de la Nobleſſe.
» Il convient que la préſentation appartienne
» aux Etats des Provinces, parce qu'autre-
» ment la Nobleſſe dénuée de moyens trou-
» veroit difficilement à ſe placer (1) «.

Ou renoncez aux avantages, aux reſſources
des Roturiers, ou ne leur fermez pas l'entrée
à celles dont vous jouiſſez. L'eſprit national
du François eſt l'eſprit Militaire ; la profeſſion

Ponthieu, à *Abbeville*, à *préſenter aux Etats-Généraux de*
1789. Inſtructions & pouvoirs donnés par la Nobleſſe de la
Sénéchauſſée de Ponthieu, *dans ſon aſſemblée générale tenue*
le Lundi 23 *Mars* 1789. p. 17. art. 15.

(1) *Id.* p. 27. 28. art. 42.

des armes eft donc fon apanage, dans quelqu'Ordre que la nature l'ait fait naître. Ne
vous y trompez pas : le Soldat, comme
Militaire, eft autant que le Sous-Lieutenant;
le commandement ne change pas l'état; le
Sous - Lieutenant a lui - même des Officiers
fupérieurs. Ainfi, pour raifonner conféquem-
ment, vous devez demander que le Roturier
ne puiffe être même fimple Soldat. Où mène
l'intérêt perfonnel !

Provins & Montereau-Faut-Yonne.

» L'abolition des Loix dérogatoires, qui
» obligent la Nobleffe pauvre à rejeter les
» moyens qui pourroient lui offrir des
» reffources pour rétablir fa fortune, en
» embraffant des profeffions honnêtes &
» lucratives (1) «.

Querci.

» Qu'elle (la Nobleffe) puiffe exercer le

____

(1) *Cahier de l'Ordre de la Nobleffe des Bailliages réunis
de* Provins & Montereau-Faut-Yonne ; *arrêté dans l'Affemblée
générale dudit Ordre, le Jeudi,* 26 *Mars* 1789. *Député,*
M. *le Marquis de* Paroy, *grand Bailli d'Epée du Bailliage
de* Provins. *Adjoint, en cas de mort ou maladie,* M. *le
Marquis de* Clermont d'Amboife. p. 19. n°. 18.

» commerce en détail, fans déroger , après
» avoir rempli les formalités ufitées en pareil
» cas , dans la Province de Bretagne, en
» ftipulant que, dans le cas de Banqueroute,
» ou de quelqu'autre acte de mauvaife foi,
» on fera dégradé de Nobleffe (1) «.

Reims.

» QUE tous les objets relatifs au bien
» public, l'Agriculture...... le Commerce,
» la Nobleffe commerçante........ feront
» difcutés & traités aux Etats - Généraux
» (2) «.

Saintonge.

» NOUS recommandons à nos Députés
» d'engager l'Ordre de la Nobleffe à fixer un
» regard attentif fur la pauvre Nobleffe du
» Royaume, à prévoir quel fera fon fort
» lorfqu'elle aura fait l'abandon de tous fes
» priviléges pécuniaires , & à prendre en
» confidération , s'il y auroit de l'inconvé-

---

(1) *Cahier arrêté par l'Affemblée générale de la Nobleffe du*
Querci, *remis à M. le Duc de* Biron. p. 16.

(2) *Cahier des plaintes , doléances & remontrances de*
l'Ordre de la Nobleffe du Bailliage Royal de Reims, *arrêté*
en l'affemblée dudit Ordre , le 2 *Avril* 1789. p. 14. n°. 43.

nient

» nient à lui laisser la faculté de s'adonner
» au commerce en tout genre, & d'aviser
» aux moyens qui, dans ce cas, concilie-
» roient le mieux sa délicatesse & son peu de
» fortune (1) «.

Plaisante *délicatesse* ! ne diroit-on pas que
le commerce est un fer rouge, qu'on ne
peut prendre sans se brûler ; que c'est le
fruit défendu, auquel on ne peut toucher
sans permission, sans dispense ?

Senlis.

» Les Etats-Généraux remettront en vi-
» gueur les loix qui autorisent la Noblesse
» à se livrer au Commerce sans déroger ;
» & pour compenser les sacrifices pécuniai-
» res faits par la pauvre Noblesse, les Etats-
» Généraux s'occuperont, dans cette tenue,
» des moyens de venir à son secours, jus-
» qu'à ce qu'elle ait pu, en exerçant cette
» profession honorable, se mettre au-dessus
» du besoin « (2).

____

(1) *Pouvoirs de la Noblesse de la Sénéchaussée de Saintonge,
à ses Députés aux futurs Etats-Généraux ; remis à MM. le
Comte de la Tour du Pin, de Richier. p.* 18.

(2) *Procès-verbal de ce qui s'est passé à l'assemblée générale
de l'Ordre de la Noblesse du Bailliage de Senlis : & Cahier.*

Thimerais.

» Qu'il foit à l'avenir permis à la No-
» bleffe de fe livrer au Commerce, fans
» aucune dérogeance (1) «.

TIERS-ÉTAT.

Angers. (Confulat d')

» Remontre qu'à peine un Marchand
» a-t-il acquis une fortune honnête, il tour-
» ne toute fon ambition vers l'ennobliffe-
» ment; que du moment qu'il y eft par-
» venu, il abjure tout travail, toute occu-
» pation, par le préjugé établi *qu'un Gentil-
» homme ne doit point travailler* ; que ce pré-
» jugé pernicieux eft l'effet néceffaire des
» Ordonnances Royales, qui interdifent les
» Arts aux Gentilhommes, fous peine *de
» déroger* ; que par-là le Commerce eft non-
» feulement privé des fonds qu'y verferoient
» les Nobles, mais encore eft fans ceffe éner-

des pouvoirs qu'elle a chargé fon Député de porter aux Etats-
Généraux. p. 45. n°. 19.

(1) *Cahier des remontrances & demandes de l'Affemblée de
la Nobleffe du Thimerais, & inftructions à M. le Comte de
Caftellane, fon Député aux Etats-Généraux.* p. 19. n°. 16.

(179)

» vé par la défertion des roturiers les plus
» capables de le faire fleurir; que cette ma-
» nie d'ennobliffement dans les roturiers, a
» pour caufe les priviléges & exemptions
» d'impôts, que le Gouvernement y a atta-
» chés, enforte qu'il femble avoir propofé
» des récompenfes à l'oifiveté & des châti-
» mens au travail : que par ces ennobliffemens
» multipliés, la Ville d'Angers fe trouve
» peuplée d'hommes inutiles & qui fe font
» honneur de l'être : & parce que ces hom-
» mes font en même-temps la Claffe riche,
» il en eft réfulté cet effet moral pernicieux,
» que dans l'opinion publique les idées de
» Nobleffe & d'oifiveté fe font affociées,
» & que l'on a reporté fur celle-ci la confi-
» dération attachée à celle-là.

» Se plaignent les Négocians & Mar-
» chands, que ces mauvais exemples cor-
» rompent l'efprit & les mœurs de leurs
» enfans, qui, fe piquant d'imiter ceux des
» Nobles, dédaignent les états de leurs pè-
» res, & paffent leur vie dans l'oifi-
» veté (1) «.

____

(1) *Plaintes, remontrances & demandes de la Jurifdiction*
*des Confuls de la ville d'*Angers, *27 Février* 1789. p. 3. 4.

M 2

(180)

Anjou.

» AUCUNE profession ne pourra être déro-
» gatoire à la Noblesse (1) «.

Calais & Ardres.

» QUE toutes ses branches (du commerce)
» soient également à la disposition de toutes
» les Villes & de tous les Citoyens (2) «.

Dourdan.

» QUE les Ordonnances de la Marine, qui
» établissent une distinction flétrissante entre
» les Officiers nés dans l'Ordre de la Noblesse,
» & ceux qui sont nés dans celui du Tiers-
» Etat, soient révoquées, toutes comme
» injurieuses à un Ordre de Citoyens, des-
» tructives de l'émulation si nécessaire à la
» gloire & à la prospérité de l'Etat (3) «.

____

(1) *Cahier contenant les vœux des Communes de la Province d'Anjou.* p. 21. n°. 23.

(2) *Cahier général du Tiers-Etat des Bailliages de* Calais
& Ardres. p. 29.

(3) *Cahier du Tiers-Etat du Bailliage de* Dourdan, *remis*
à MM. le Brun & Buffy, *Députés aux Etats-Généraux.*
p. 13. art. 13.

Lyon (Sénéchauffée de).

» LA Marine Marchande fera honorée, &
» procurera l'entrée dans la Marine Royale ;
» les Commerçans & Manufacturiers ne
» dérogeront point à la Nobleffe ; on diftin-
» guera dans la diftribution des graces, ceux
» qui auront fuivi le commerce de leurs
» pères ; & les Etats-Généraux feront invités
» à déclarer ennemis de la Nation, & indi-
» gnes du nom de Négociant, les hommes
» affez vils, pour fe proftituer au jeu de
» l'agiotage (1)«.

Lyon. (Ville de)

» QUE pour honorer le Commerce, &
» affocier tous les Sujets du Roi à fes fuccès,
» il foit ftatué par une Loi, que tout Noble
» pourra faire le Commerce fans déro-
» ger (2) «.

Paris.

» LES Nobles pourront fans déroger fe

______

(1) *Cahier du Tiers-Etat de la Sénéchauffée de* Lyon. p. 40.

(2) *Obfervations des Députés du Tiers-Etat de la ville de* Lyon, *jointes au Cahier du Tiers-Etat de la Sénéchauffée.* p. 10.

(181)

» livrer au Commerce, même à celui en
» détail (1) «.

Rennes.

» COMME *il n'y a point de professions viles,*
» *lorsqu'elles sont utiles, & honnêtement exercées,*
» elles pourront toutes être exercées, sans re-
» proche ni préjudice, par les Citoyens les plus
» distingués; il n'y aura de dérogeance que par
» les vices ou par les crimes : ainsi *la Nation*
» *trouvera des sujets précieux dans une foule d'hom-*
» *mes qui la grèvent en cent manières ; & la No-*
» *blesse, sans rien perdre de son lustre, sera plus*
» *fondée, que jamais, à conserver une noble fierté,*
» *qui ne convient qu'à ceux qui, ne briguant ni*
» *graces, ni faveurs, ni pensions, trouvent toutes*
» *leurs ressources dans eux-mêmes (2) «.*

Mais ce ne sont plus les Ordres du Royaume séparés, qui établissent hautement la

----

(1) *Cahier d'instructions pour MM. les Electeurs nommés
pour l'Assemblée du Tiers-Etat, tenue en l'Eglise de Saint-
Gervais, commencée le 11 Avril 1789, rédigée par MM. les
Commissaires nommés par le Procès-verbal dudit jour.* p. 14.
n°. 25.

(2) *Cahier des charges, instructions, vœux & griefs du
peuple de la Sénéchaussée de Rennes, pour être présenté à la
prochaine Assemblée des Etats-Généraux du Royaume.* p. 22.
23. art. 50.

dignité du Commerce, la nobleſſe de toutes les profeſſions utiles. Ecoutons ſur ce
ſujet le Chef ſuprême de la Juſtice, parlant, en préſence du Roi, aux Repréſentans
du Peuple François.

» Si les intérêts de la Nation ſe confon-
» dent eſſentiellement, dit M. le Garde des
» Sceaux (1), avec ceux du Monarque, n'en
» ſeroit-il pas de même des intérêts de cha-
» que Claſſe de Citoyens en particulier ? &
» pourquoi voudroit-on établir entre les dif-
» férens membres d'une Société politique,
» au lieu d'un rang qui les diſtingue, des
» barrières qui les ſéparent ?

» Le vice & l'inutilité méritent ſeuls le
» mépris des hommes, & toutes les profeſ-
» ſions utiles ſont honorables, ſoit qu'on
» rempliſſe les fonctions ſacrées du Miniſtère
» des Autels, ſoit qu'on ſe voue à la défenſe
» de la Patrie dans la carrière périlleuſe des
» combats & de la gloire, ſoit que, ven-
» geur des crimes & protecteur de l'inno-
» cence, on péſe la deſtinée des bons & des

____

(1) *Ouverture des Etats-Généreux, faite à Verſailles le
5 Mai 1789 ; Diſcours du Roi; Diſcours de M. le Garde
des Sceaux; Rapport de M. le Directeur général des Finances,
fait par ordre du Roi. in-4.* p. 15—17.

M 4

» méchans dans les balances (la balance) re-
» doutables de la Justice ; soit que par des
» écrits, fruit du talent qu'enflamme l'amour
» véritable de la Patrie, l'on hâte les progrès
» des connoissances, qu'on procure à son
» siècle & qu'on transmette à la postérité
» plus de lumière, de sagesse & de bonheur ;
» soit qu'on soumette à son crédit & aux
» spéculations d'un génie actif, prévoyant
» & calculateur, les richesses & l'industrie
» des divers peuples de la terre ; soit
» qu'exerçant cette profession mise enfin à
» sa place dans l'opinion des vrais Sages, on
» féconde les champs par la culture, ce pre-
» mier des Arts auquel tient l'existence de
» l'espèce humaine. Tous les Citoyens du
» Royaume, quelle que soit leur condition,
» ne sont-ils pas les membres d'une même
» famille ?

» Si l'amour de l'ordre & la nécessité assi-
» gnèrent des rangs qu'il est indispensable
» de maintenir dans une monarchie, l'esti-
» me & la reconnoissance n'admettent pas
» ces distinctions, & ne séparent point des
» professions que la nature réunit par les
» besoins mutuels des hommes.

» Loin de briser les liens qu'a mis entre
» nous la société, il faudroit, s'il étoit possi-

» ble , nous en donner de nouveaux , ou
» du moins reſſerrer plus étroitement ceux
» qui devroient nous unir. Un grand Géné-
» ral diſoit en parlant des Gaulois, qu'ils
» ſeroient le premier Peuple de l'univers, ſi
» la concorde régnoit parmi eux. Ces paro-
» les de Céſar peuvent s'appliquer au mo-
» ment actuel : que les querelles s'appaiſent,
» que les inimitiés s'éteignent, que les haï-
» nes s'anéantiſſent, que le deſir du bonheur
» commun les remplace, & nous ſerons
» encore le premier peuple du monde «.

Daigne l'Éternel exaucer des vœux formés
par l'amour de la Patrie, & que tout François attaché à ſon Roi, à ſa Nation, répète
dans le fond de ſon cœur !

§. X X X I.

J'AJOUTE aux demandes directes faites
par le Clergé, la Nobleſſe & le Tiers-État,
pour l'abrogation de la dérogeance attachée au Commerce, en gros & en détail,
ce que les mêmes Ordres recommandent
à leurs Députés, relativement aux moyens
de faire revivre l'Agriculture, le Négoce, les
Manufactures, la Navigation Nationale.

CLERGÉ.

Châlons - sur - Marne.

» QU'IL soit avisé aux moyens d'encoura-
» ger le Commerce , pour arrêter les suites
» funestes du Traité consenti avec l'Angle-
» terre , & qui a fait peut-être un tort irré-
» parable à nos Manufactures , particuliére-
» ment à celles de Champagne & de Nor-
» mandie.

» Qu'il soit examiné s'il est avantageux de
» sanctionner ce Traité, ou s'il est plus con-
» venable de le rompre.

» Qu'on discute les avantages & les in-
» convéniens des priviléges exclusifs , accor-
» dés ou vendus par des Ministres avides à
» des Compagnies , dont les intérêts parti-
» culiers se trouvent presque toujours en
» opposition avec les véritables intérêts du
» Commerce National (1) «.

La réclamation du Clergé de Châlons ,
est vigoureuse & juste : on ne peut l'attri-

---

(1) *Cahier des doléances du Clergé du Bailliage de
Châlons-sur-Marne , remis à Monseigneur l'Evêque Comte de
Châlons , Pair de France , élu Député pour les Etats-Géné-
raux en 1789. p. 23. 24. art. 1. 2.*

buer à l'intérêt personnel ; ce sont les
Pasteurs qui viennent au secours de leur
troupeau dévoré par les Courtiers &
Fournisseurs Anglois. Le même esprit le
porte à s'élever contre les priviléges exclusifs , trop souvent payés à l'autorité , avec
l'argent de l'industrie opprimée.

» Que pour honorer le Commerce , con-
» tinue le Clergé de Châlons, & diriger vers
» le bien public le goût prédominant des
» François, pour les distinctions flatteuses,
» le Roi soit supplié d'accorder des Lettres
» d'ennoblissement aux Négocians qui se
» seroient rendus recommandables par leu..
» patriotisme & l'étendue de leurs spécula-
» tions , à condition qu'ils continueroient
» pendant cent ans une profession aussi ho-
» norable qu'utile «.

Voilà un témoignage bien précieux , en
faveur de la dignité du Commerce ; l'ennoblissement ne peut rien y ajouter ; & l'obligation de rester dans cette profession pendant cent ans, conserve au négoce, comme
je l'ai déja dit, les fonds, les lumières,
l'expérience , qui lui appartiennent , dont
il a besoin.

Ponthieu.

» ABOLIR la Milice de terre, proscrire la
» levée des Matelots parmi les Laboureurs,
» & employer la forme usitée dans les Etats
» d'Artois (1) «.

C'est détruire l'Agriculture, que de diminuer les bras dont elle a besoin. Le projet, sur les Enfans-Trouvés, proposé à la
fin du §. 27, pourroit conserver aux terres
les hommes précieux en faveur desquels
reclame le Clergé de Ponthieu.

Observons qu'au même-temps où plusieurs
Bailliages demandent la réforme du Régime
François, l'Angleterre propose de le substi-
tuer à l'usage barbare & servile de la *Presse*.

Rouen.

» LE Traité de Commerce avec l'Angle-
» terre, a excité la réclamation de plusieurs
» Chambres du Commerce & de tous ceux

____

(1) *Cahier général des trois Ordres de la Sénéchauffée de
Ponthieu, &c. Cahier des doléances, remontrances, avis &
moyens que le Clergé de la Sénéchauffée de Ponthieu a à
proposer par son Député en l'Assemblée des Etats-Généraux,
convoqués à Versailles pour le 27 Avril 1789. p. 5. n°. 5.*

» qui font à la tête des Manufactures. Les
» Députés proposeront d'examiner, avec l'at-
» tention la plus réfléchie, les avantages &
» les inconvéniens de ce Traité.

» Les Députés repréfenteront que la fila-
» ture du coton eft l'occupation des fem-
» mes & des enfans du peuple, dans la plus
» grande partie de la Normandie, & ils prie-
» ront les Etats-Généraux de pefer, dans leur
» fageffe, s'il eft réellement avantageux d'a-
» dopter ou de rejetter les méchaniques
» Angloifes (1) «.

On verra, plus bas, le Tiers - Etat de
Rouen, faire la même obfervation fur l'utilité ou l'inconvénient de l'admiffion des
machines Angloifes. Le bon fens & le befoin nous ramèneront enfin aux vrais principes : l'objet direct des Arts eft de faire
vivre le peuple, & non d'enrichir tel ou tel
particulier ; du moins, c'eft de ce côté que

---

(1) *Cahier des doléances du Clergé du Baillliage de* Rouen, *assemblé avec le Clergé des autres Baillliages fecondaires, dans l'Eglife des Cordeliers de ladite ville, le* 15 *Avril* 1789, *remis à M. le Cardinal de la* Rochefoucault, *Archevêque de* Rouen ; M. le Curé de Lions-la-Forêt ; M. l'Abbé de Grieux, *Prieur de* St-Ymer ; Ad. Fr. Al. Davouft, *Prieur de l'Ab-baye de* St-Ouen, *élus Députés.* p. 29. 30. art. 45. 46.

le Gouvernement doit principalement les
envifager.

Troyes.

» AVISER aux moyens de modifier le Traité
» de Commerce avec l'Angleterre, s'il n'eft
» pas jugé qu'on doive le rompre «.

» Rendre à l'Agriculture les bras que lui
» enlèvent dans les Campagnes les Manufac-
» tures & les filatures «.

» S'occuper de la régénération des mœurs
» & de la reftauration de l'Agriculture, du
» Commerce & des Arts (1) «.

Comment reftaurer le Commerce & les
Arts, fi on leur ôte les bras employés aux
Manufactures & aux filatures ? Il faut que
tous ces objets marchent de front avec
l'Agriculture. D'ailleurs on fçait que la fila-
ture occupe principalement les femmes &
les enfans. Ce qu'on doit redemander pour
la culture des terres, ce font les bras que
la taille lui enlève.

----

(1) *Cahier des pouvoirs & inftructions des Députés de
l'Ordre du Clergé du Bailliage de Troyes, affemblé dans la
même ville le 16 Mars 1789. p. 9. n°. 26. 27. p. 10. n°. 29.*

NOBLESSE.

Alençon.

» QUE toutes les entraves finales, qui re-
» tardent les progrès de l'Agriculture, qui
» dégoûtent certaines Classes de Citoyens
» de l'exploitation des terres, & qui nuisent
» à la facilité des Contrats translatifs des
» propriétés soient anéanties. Que toutes
» les gênes de même nature, qui arrêtent
» l'essor du Commerce & la prospérité des
» Manufactures, soient détruites (1) «.

Cotentin.

» LE succès trop incertain des travaux de
» Cherbourg, qui coûtent déja des sommes
» immenses, excite dans la Province une
» inquiétude générale ; ils seront pris en
» considération (2) «.

---

(1) *Cahier de l'Ordre de la Noblesse du Bailliage d'Alençon.*
p. 26. n°. 8. 9.

(2) *Cahier des pouvoirs & instructions de l'Assemblée de
la Noblesse du Grand Bailliage de Cotentin, réunie aux
termes des Lettres de Convocation, données à Versailles le
24 Janvier dernier, remis aux Députés élus par la voie du
scrutin, pour la tenue des Etats-Généraux en 1789. p. 22.
n°. 16.*

L'inquiétude du Cotentin est-elle fondée !
Une entreprise aussi utile, aussi glorieuse à
la Nation, qui établit la liberté de la Manche,
qui doit être le Boulevard du Commerce maritime dans ces parages , procède trop lente-
ment ; *son succès est incertain*, sur le lieu même ; *il excite dans la Province une inquiétude générale !* plus d'une personne , on le sçait , est
intéressée à le faire manquer. Sans semer
l'allarme, le Cotentin a raison d'avertir.

Douay & Orchies.

» Les Etats-Généraux examineront si les
» Traités de Commerce , faits avec les Puis-
» fances Etrangères, font avantageux ou nui-
» fibles à la Nation (1) «.

Flandre Maritime.

» Rendre l'exécution du Traité de Com-
» merce avec l'Angleterre exactement réci-
» proque, en y mettant en France les mê-

____

(1) *Cahier de doléances , plaintes & remontrances de
l'Ordre de la Noblesse du ressort de la Gouvernance du souverain Bailliage de Douai & Orchies , remis à M. le Marquis d'Aoust , Président de l'Ordre de la Noblesse dudit
Bailliage , & son Député aux Etats-Généraux. p. 21. n°. 64.*

» mes

» mes reſtrictions qui l'accompagnent en
» Angleterre (1) «.

Entre ennemis, la repréſaille eſt juſte :
elle l'eſt entre amis qui ſe dupent.

Labour.

» QUE la Culture, l'Induſtrie, les Arts &
» le Commerce, jouiſſent d'une liberté en-
» tière, & que pour leur donner plus d'ac-
» tivité, on les délivre du monopole qu'en-
» traînent toujours les priviléges excluſifs.

» Les Baſques François, dont la plus grande
» partie ſubſiſte par la pêche de la morue,
» demandent des encouragemens pour cette
» branche de Commerce ; & des primes qui
» les mettent dans le cas de ſoutenir la concur-
» rence des morues étrangères. Cette faveur
» du Roi ſeroit auſſi utile à la Marine Royale,
» par le plus grand nombre de bons Matelots
» qui ſe formeroient à cette pêche.

» Le Port de Saint-Jean-de-Luz étant
» très-eſſentiel pour cette pêche, & devant
» auſſi ſervit de retraite à la Marine Mar-

______

(1) *Cahier des doléances & ſupplications de l'Ordre de la
Nobleſſe de la Flandre Maritime, rédigé à leur Aſſemblée à
Bailleul, du 6 au 9 Avril* 1789, *& remis à leurs Députés
pour les Etats-Généraux.* p. 21. n°. 41.

N

» chande , Sa Majesté sera suppliée d'aviser
» aux meilleurs moyens de le rendre propre
» à ce double objet.

» Que les jetées de la barre de Saint-Jean-
» de-Luz étant toutes ébranlées , il soit in-
» cessamment accordé des fonds pour les
» raffermir , ainsi que pour la reconstruction
» du Pont qui établit la communication en-
» tre les deux Royaumes de France & d'Es-
» pagne, & qui tombe en ruine (1) «.

Nous verrons plus bas Calais demander
des primes , des encouragemens pour la
pêche. Ainsi les deux extrémités de nos
côtes sur l'Océan présentent le même vœu,
parce qu'elles sentent le même besoin.

L'administration d'un Royaume tel que
la France, exige des connoissances locales
qui échapperont toujours aux personnes
qui en sont chargées. Il faut , pour les faire
naître , un évènement comme l'Assemblée
des Etats-Généraux , où chaque Canton,
chaque Ville , chaque Village expose libre-

---

(1) *Cahier de l'Ordre de la Noblesse du Bailliage du pays
de* Labour, *envoyé à M. le Marquis de* Caupenne, *nommé
son Député aux Etats-Généraux , convoqués par le Roi à
Versailles pour le* 27 *Avril* 1789, *lequel les a transmis à son
Suppléant, M. le Vicomte de* Maccaye. p. 11. 12. n°. 33.
p. 22. 23. n°. 47. 48. 49.

ment fes maux , fa fituation. Le Port de Cherbourg eft néceffaire : mais les jetées de la barre de Saint-Jean-de-Luz ne doivent pas être négligées. L'œil de la prévoyance embraffe tous les objets.

Lille.

» Rendre l'exécution du Traité de Com-
» merce avec l'Angleterre, exactement réci-
» proque, en y mettant en France les mê-
» mes reftrictions qui l'accompagnent en
» Angleterre (1) «.

Lille & Bailleul , préfentent le même *Article* , dans *les mêmes* termes. La récipro-cité de reftrictions amènera la rupture : autant caffer tout d'un coup ce Traité de mauvaife foi.

Maine. (le)

» Le Roi fera fupplié de réferver , dans
» les Traités de Commerce, la ratification
» des Etats - Généraux, à l'effet de quoi ,
» lefdits Traités leur feront communiqués,
» pour être par eux fanctionnés, modifiés,
» ou annullés (2) «.

---

(1) *Cahier des plaintes & doléances de l'Ordre de la Nobleffe du reffort de la Gouvernance de* Lille. p. 32. art. 53.
(2) *Extrait des Procès-verbaux des féances particulières*

On voit que la Nobleſſe du Maine a principalement en vue le Traité de 1786.

Nivernois & Donziois.

» LES Députés demanderont à connoître
» les différens Traités de Commerce & leurs
» réſultats; & déſormais il n'en ſera ſigné
» aucun qu'avec la ratification des Etats-
» Généraux (1) «.

Nouveau coup porté indirectement au
Traité de 1786 avec l'Angleterre.

Paris.

» QUE les Etats-Généraux prennent en
» conſidération le dernier Traité de Com-
» merce fait avec l'Angleterre, ainſi que
» l'établiſſement de la nouvelle Compagnie
» des Indes & la ſuppreſſion des Priviléges
» excluſifs, notamment celui des Meſſage-
» ries (2) «.

---

de l'Ordre de la Nobleſſe du Maine, aſſemblée au Mans, du
26 Mars 1789. p. 9. 10. art. 16.

(1) *Cahier général de la Nobleſſe du Bailliage de Nivernois & Donziois, & pouvoirs par elle donnés à ſes Députés.
p. 25.*

(2) *Procès-verbal de l'Aſſemblée partielle de la Nobleſſe
du quatorzième département de Paris, convoquée en l'Aſſem-*

L'article de la nouvelle Compagnie des Indes, paroît être contre l'établissement de cette Société de Commerce.

Riom.

» Que les Etats-Généraux s'occupent de » rechercher les caufes qui arrêtent l'exten- » fion du Commerce & de la Navigation » Nationale (1) «.

Vermandois.

» Suppression de tous les Droits de Mar- » chés onéreux au Commerce. . . .
» Le Député de la Nobleffe fe prêtera tou- » jours à tout ce qui pourra favorifer le » Commerce & l'Agriculture (2) «.

---

blée de Sorbonne, le 20 Avril 1789; & articles qu'elle a chargé fes Electeurs de faire inférer dans les Cahiers des trois Etats de la ville de Paris. p. 50. n°. 10.

(1) Inftructions pour les Députés de la Nobleffe aux Etats-Généraux, arrêtées dans l'Affemblée de la Sénéchauffée d'Auvergne, féante à Riom. p. 24. n°. 3.

(2) Cahier des pouvoirs, plaintes, remontrances & doléances Militaires de l'Ordre de la Nobleffe du Bailliage de Vermandois; remis à M. des Foffés, M. Maquerel de Quemy, & à M. le Comte de Miremont, élus leurs Députés aux Etats-Généraux, les 22 & 23 Mars 1789, & l'extrait du Procès-verbal de l'Affemblée dudit Ordre de la Nobleffe. p. 40. n°. 2. p. 41. n°. 6.

N 3

TIERS-ÉTAT.

Auxerre.

» QUE tous Priviléges exclufifs en matière
» de Commerce foient fupprimés, excepté
» pour les grandes entreprifes Maritimes,
» comme celle de la Compagnie des Indes,
» ou dans le cas d'une nouvelle invention qui
» demanderoit des facilités ou encourage-
» mens (1) «.

Voilà le feul Cahier imprimé, qui parle
pour la Compagnie des Indes. Il faut efpérer
qu'enfin fon procès fera jugé aux Etats-Généraux *(2)*.

Calais & Ardres.

» ILS (les Députés) demanderont qu'il foit
» fait des Règlemens uniformes pour le Com-
» merce. . . .

» Que les franchifes des Ports, notamment
» de ceux de Marfeille , de Bayonne & de
» Dunkerque , foient abrogées , comme def-
» truâifs des Manufactures Nationales , du

____

(1) *Cahier des pétitions du Tiers-Etat du Bailliage*
d'Auxerre, *pour fervir d'inftruâion à fes Députés aux*
Etats-Généraux de 1789. p. 22. art. 4.

(2) Voyez le *Rapport* de M. Necker , à l'ouverture des
Etats-Généraux , &c. p. 74.

» Commerce des Villes voifines & des droits
» du fifc.

» Ils demanderont que tous priviléges ex-
» clufifs pour une branche de Commerce
» ou de Navigation quelconque, tant par
» mer que par les rivières & canaux foient
» fupprimés. L'avantage de l'univerfalité des
» Citoyens demande à être préféré à l'inté-
» rêt de quelques individus.

» Ils demanderont que les droits de Congé
» des Navires Français foient modérés.

» Que les Bateaux Anglois qui, changent
» (chargent) dans nos Ports des marchandi-
» fes prohibées en Angleterre, foient affran-
» chis de tous droits de port & Amirauté «.

Cette demande n'eft pas loyale: la contre-
bande fe fait ; mais elle ne s'annonce & ne
fe foutient pas auffi cruement.

» Ils repréfenteront que la fituation avan-
» tageufe de Calais femble favorifer plu-
» fieurs branches de Commerce , aujour-
» d'hui dans les mains de l'étranger ; qu'il
» feroit convenable de l'en dédommager
» en lui accordant le *tranfit* pour l'Allema-
» gne & la Suiffe.

» Que ce *tranfit* eft follicité en faveur de
» tous les Ports , par l'intérét général du
» Royaume.

» Ils expoferont que, pour favorifer l'ex-
» portation des eaux-de-vie Nationales, il a
» été accordé un entrepôt de fix mois, en
» exemption de tous droits.

» Que ce délai eft infuffifant, & ne rem-
» plit pas l'objet que le Gouvernement s'eft
» propofé, la plupart des liqueurs reftant
» invendues à l'expiration des fix mois:

» Ils demanderont que ce terme foit au
» moins prorogé à celui de deux ans;

» Que la faculté d'entrepofer foit éten-
» due aux vins & autres productions Na-
» tionales«.

La faculté que demandent MM. de Calais,
peut tirer à conféquence, dans un Royaume
où toute marchandife paie des droits: *deux
ans en entrepôt avec exemption de tous droits!*

Mais cet Article doit enfin nous faire
ouvrir les yeux. Nos eaux-de-vie, nos vins,
huiles, &c. ne fe vendent pas en Angleterre,
malgré la diminution des droits; fans cela
les entrepôts de Calais ne refteroient pas
pleins fix mois & plus. Il en eft de même
de Londres. Les caves font remplies, & ne
fe vuident pas. Les droits de *licence* pour
l'intérieur du Royaume, équivalent aux
anciens droits d'entrée: d'ailleurs le peuple a l'eau-de-vie de grain, les vins de

Portugal, les huiles d'Italie, &c: les Grands, les riches n'ont jamais regardé à un fcheling de plus ou de moins pour une bouteille. Le prix auquel nous avons acheté la deftruction de nos Manufactures, fe trouve donc, par le fait, abfolument nul.

» Ils obferveront que la Marine marchande
» eft la force & la fource de la Marine mi-
» litaire ; qu'il eft de la plus grande impor-
» tance de prendre des mefures efficaces
» pour affurer aux Navires Français la pré-
» férence fur les Navires étrangers....

Acte de Navigation.

» Ils demanderont à cet effet : que les
» marchandifes importées fur des Navires
» étrangers, & venant d'un pays avec lequel
» il n'y a point de Traité de Commerce,
» foient affujetties à un droit plus fort, que
» fi elles étoient importées fur des Navires
» François ;

» Qu'il foit établi un droit de fret fur les
» Navires des nations avec lefquelles il n'y
» a point de Traité de Commerce, pour les
» marchandifes exportées des pays avec lef-
» quels il y a Traité de Commerce ;

» Qu'il foit exigé un double droit fur les

» marchandifes importées fur les Navires
» d'une Nation avec laquelle il y a Traité
» de Commerce , mais chargées dans les
» pays avec lefquels il n'y en a point «;

Ce doublement eft jufte. Le Traité de
Commerce avec une Nation ne comprend
que les marchandifes de fon crû, de fon induftrie, forties de chez elle.

» Que les Navires des Nations avec lef-
» quelles il y a Traité de Commerce, foient
» affüjettis aux mêmes droits que ceux que
» les Navires Français acquittent dans les
» Ports de ces Nations;

» Qu'il n'y ait d'exception qu'en faveur
» des objets de première néceffité, tels que
» grains, farines, bois & charbon, ces
» objets devant être affranchis de tous
» droits.

» Que les pêches Nationales foient ani-
» mées par des primes & autres encourage-
» mens . . . . «.

Chez nous la Régie du Commerce, livrée
à des Adminiftrateurs mufqués, en eft encore
à l'enfance. On donnera des primes, un an,
deux ans. Le fuccès ne répond pas promptement à ces avances; l'affaire abandonnée,
on fe livre à l'étranger.

» Ils demanderont qu'il foit établi à Paris,

» fous la protection de la Nation, une Com-
» pagnie générale d'Affurance, pour favori-
» fer le Commerce , & conferver dans le
» Royaume les primes qui , aujourd'hui ,
» paffent en Angleterre & en Hollande «.

Le projet eft beau : mais MM. de Calais
& Ardres ne connoiffent point Paris. A la
longue les fonds de cette Compagnie d'Affurance pafferoient au Gouvernement ; fi auparavant ils ne devenoient pas la proie des
Plumes, des Plumets, des Wiskis.

» Ils demanderont qu'il foit repréfenté
» aux Etats-Généraux, les Documens d'après
» lefquels le Traité de Commerce avec l'An-
» gleterre a été fait, & pour en diminuer les
» funeftes effets, & révivifier nos Manufac-
» tures , il foit pris tous les moyens pof-
» fibles «.

L'ignorance, pour ne rien dire de plus,
a fait ce Traité : c'eft un *Document* commode ;
nous l'adoptons volontiers : la valeur Fran-
çaife, qui meurt point, fournira le remede,
quand elle le voudra.

» Qu'en particulier , les Députés aux Etats-
» Généraux feront priés , pour donner l'im-
» pulfion , de n'employer à leur ufage, que
» des étoffes & autres objets provenans des
» Fabriques Nationales «.

Cette idée seroit bonne à Londres: ici elle ne prendra pas.

» Ils demanderont qu'il soit fait, pour
» tous les droits de traite , un tarif simple
» & général.

» Que les droits sur les fers , perçus à Ca-
» lais & non à Dunkerque, soient suppri-
» més, ou rendus communs à tous les Ports.

» Ils exposeront que le prix des Cuirs étant
» maintenant éloigné des facultés de la ma-
» jeure partie de la Nation , & que le droit,
» fixé par le Traité de Commerce , favori-
» sant l'importation des Cuirs Anglais, il est
» indispensable , pour établir la concur-
» rence , de supprimer le droit de mar-
» que «.

Il est donc prouvé que les Cuirs Anglais sont maintenant à meilleur marché en France, que les Cuirs François (1), & cela par des opérations fiscales & politiques réunies pour détruire l'industrie Nationale : nos neveux auront peine à le croire.

» Ils demanderont, sur l'observation de la
» corporation des Selliers, que le droit perçu
» sur les voitures qu'ils tirent de l'Angle-

______

(1) *Instruction donnée par la Noblesse du Bailliage de Blois, &c.* p. 13.

» terre, foit fupprimé, ou qu'il foit exigé
» pour celles introduites par toutes perfon-
» nes, de maniere que ce droit ceffe d'être
» particulier à ceux qui font ce commer-
» ce. (1) «.

Ici MM. de Calais, plaident, fans y pen-
fer, la caufe de l'Angleterre. Un particulier
fera venir une, deux voitures pour fon ufage, pour fon ami ; cela ne tire pas à conféquence : un Sellier en tire vingt, cinquante
qu'il revend, & la *Sellerie*, Françoife fe détruit. Voilà un mal qu'il eft jufte d'empêcher.

Dunkerque.

» La révocation de l'Arrêt du Confeil,
» du 30 Août 1784, qui a ouvert les ports
» de nos Colonies aux étrangers, fous pré-
» texte de n'y pouvoir importer que de cer-
» taines marchandifes limitées, & de n'en
» pouvoir exporter que quelques autres,
» comme étant impolitique dans fon prin-
» cipe, & ruineux pour la Métropole dans
» fes effets, comme l'expérience le prouve
» journellement.

___

(1) *Cahier du Tiers-Etat des Bailliages de* Calais &
Ardres. p. 29. 30. 31. 32.

(206)

» Qu'à l'expiration ou à la rupture des
» Traités de Navigation , exiſtans avec les
» Puiſſances étrangères , ſoient exclus de la
» Navigation de France en France les étran-
» gers.

» Demander que , pour conſerver & en-
» courager en France la main-d'œuvre de
» la conſtruction , il ſoit défendu à tous
» Armateurs d'employer dorénavant aucun
» navire ou bâtiment de conſtruction étran-
» gère ; bien entendu que cette défenſe
» n'aura aucun effet rétroactif , & qu'il ſera
» libre aux nationaux de vendre leurs navi-
» res aux étrangers (1) «.

Maintenant on ne doutera plus du coup
mortel, que portent au Commerce du Royaume , ces Traités, ces Réglemens faits au
tapis verd , ſans daigner conſulter les perſonnes qui y ont le plus d'intérêt. La réclamation du Royaume eſt générale & mo-
tivée.

Obſervons en même-temps qu'au mo-

____

(1) *Cahier de doléances , pétitions & mandats du Tiers*
État de la ville de Dunkerque *, du* 24 *Mars* 1789 *, à*
l'Aſſemblée tenüe à l'Hôtel-de-Ville , en la forme preſcrite
par le Règlement du 24 *Janvier de la même année.* p. 10—12.
n°. 24. 26. 27.

ment où l'Empereur prohibe l'importation,
dans ses Etats Héréditaires , des marchandises de Fabrique étrangère, (*Ordonnance* du
mois d'Août 1784, confirmée par un *Décret*
du 3 Février 1789. *Mercure* de France , 18 Avril
1789); que c'est à cette époque qu'on ouvre
aux Étrangers les Ports de nos Colonies. Le
projet est-il formé de détruire nos Manufactures , déja privées d'un débouché, en
leur fournissant chez nos compatriotes une
concurrence qu'elles auront peine à soutenir ?

Dunkerque sera quelque chose , quand
nous aurons repris la Navigation du Nord,
par la *rupture des Traités de Navigation* qui
l'arrêtent ou le gênent. Ses braves habitans
ne craignent pas les suites de cette rupture.

Les Articles 2 & 3 répondent à l'Article 6
de l'*Acte de Navigation* , passé au Parlement
d'Angleterre , le jeudi, 23 Septembre 1660.
Voici ce qu'il porte :

» Défendu à tous Vaisseaux qui ne seront
» pas Anglois & conformes aux règles ci-des-
» sus exprimées, de charger quoique ce soit
» dans un port d'Irlande ou d'Angleterre
» pour le porter en aucun endroit des Etats
» de Sa Majesté , le commerce appelé *de port*
» *en port* , n'étant permis qu'aux seuls Vais-

» féaux Anglois, & ce, fous les mêmes pei-
» nes de faifie & de confifcation (1) ".

Etampes.

» DEPUIS le Traité de Commerce entre la
» France & l'Angleterre, nos Fabriques ne
» pouvant foutenir la concurrence, font de
» beaucoup diminuées ; déja le tort qui en
» eft réfulté eft très-confidérable ; il fera in-
» curable dans plufieurs années. L'on craint,
» en le rompant, de s'attirer une guerre,
» que l'on fe regarde, quand à préfent, hors
» d'état foutenir.

» Les Etats - Généraux doivent examiner
» fi cette crainte peut être fondée, & fi
» d'ailleurs il ne vaudroit pas mieux en cou-
» rir les rifques, plutôt que de miner gra-
» duellement l'Etat, par ce Traité ruineux
» pour nous, qui enrichit nos voifins (2) ".

Cet article, déja rapporté au §. 29 (p. 158),
méritoit de reparoître ici : s'il faut foufcrire
pour les frais de la guerre qu'attirera la

____

(1) *Londres*, nouv. Edit. 1774. *T. III. p. 366. 367.*
art. 6.

(2) *Cahier du Tiers-Etat du Bailliage d'Etampes, remis*
à *MM.* Laborde de Mereville & Gidoin, *Députés aux*
Etats-Généraux. p. 39. *Commerce.* art. 1.

rupture

rupture du Traité de 1786, j'offre pour ma
part 25 louis, par an, tant qu'elle durera ;
& 50, si le réveil des François se porte sur
l'Inde.

Forez.

» Un Comité des plus habiles Négocians
» du Royaume, pour examiner les caufes
» de la langueur actuelle du commerce, &
» avifer aux moyens de le vivifier (1) «.

Lyon.

» Que le Roi & la Nation affemblés pren-
» nent en confidération les divers Traités
» de Commerce faits avec les Puiffantes

(1) *Cahier des doléances, plaintes, remontrances & vœux
du Tiers-Etat de la Province de Forez, réduit sur les
Cahiers du Bailliage principal de Montbrisson, & du Bail-
liage secondaire de Bourg-Argental, & arrêté dans l'Affemblée générale de leurs Députés ; pour obéir aux ordres de Sa
Majefté, portés par ses Lettres données à Verfailles le 24
Janvier 1789, pour la convocation & tenue des Etats-
Généraux à Verfailles, le 27 Avril prochain, & fatisfaire
aux difpofitions du Règlement y annexé, & à l'Ordonnance
de M. le Bailli de Forez, du 17 Février dernier. Du 20
Mars 1789. Dans les Cahiers des doléances du Clergé, de la
Noblesse & du Tiers-Etat de la Province de Forez, remis à
leurs Députés aux Etats-Généraux. p. 26. n°. II.*

O

» étrangères, & calculent les avantages &
» les maux qui peuvent en réfulter pour
» le Commerce National.

» .... Que toutes les loix générales rela-
» tives, foit à l'Agriculture, foit au Com-
» merce, ne foient rendues que du con-
» fentement des Etats-Généraux; & que les
» Ordonnances particulières ou fociales ne
» foient rendues que du confentement des
» Etats-Provinciaux ou fur l'avis des Cham-
» bres du Commerce (1) «.

Mantes & Meulan.

» Nous prions nos Députés de fe faire
» repréfenter les différens Traités de Com-
» merce, faits depuis quelque temps avec
» les Nations étrangères, & fur-tout avec
» une Nation voifine, qui a trouvé le fecret
» de nous faire une guerre ruineufe, fans
» expofer la vie des Citoyens, ni les intérêts
» de la Patrie ; nous les prions d'examiner
» ces Traités; & de jetter un coup-d'œil fur
» l'état où font réduites la plupart des Pro-
» vinces commerçantes de la France ; mais
» nous invitons la Nation, avant de pren-

(1) *Cahier du Tiers-Etat de la Sénéchauffée de* Lyon,
p. 38. 41.

(211)

» dre un parti fur un objet de cette nature,
» à prendre l'avis & à recueillir les lumiè-
» res, non pas des Chambres de Commerce,
» mais des véritables intéressés, des Manu-
» facturiers & des Négocians assemblés à
» cet effet dans toutes les Villes du Com-
» merce (1) «.

Le commencement de cet article ne fait
point honneur aux Négociateurs François
dans le Traité de 1786. Ce qui regarde les
Chambres de Commerce, suppose que
quelques-unes sont plus Financières que
Commerçantes.

Marsan.

» Nous donnons pouvoir à nos Députés
» de demander la communication de l'Etat
» politique de la France, relativement aux
» autres Puissances de l'Europe. Ils exami-
» neront si le secret est réellement utile dans
» cette partie de l'Administration, & si la
» publicité ne lui est pas préférable. Ils opé-
» reront dans cette partie les réformes &
» la perfection dont elle est susceptible. (2) «

____

(1) *Cahier & instructions de l'Ordre du Tiers-Etat des
Bailliages de* Mantes *&* Meulan. *p.* 43. 44. art. 3.

(2) *Cahier du Tiers-Etat de la Sénéchaussée de* Marsan,
en Gascogne, p. 10.

Cette demande, en général, est juste. Le secret,
nécessaire souvent dans les opérations, au
moins dans les préparatifs, n'empêche pas
de communiquer les résultats à la Nation.
La confiance, sur-tout si l'on a besoin de
subsides, naît de l'état fidèle présenté aux
contribuables; on veut connoître ses affaires,
avant que de débourser.

Metz.

» Qu'aucun Traité de Commerce avec les
» Puissances étrangères ne puisse avoir d'ef-
» fet permanent, sans la sanction des Etats-
» Généraux.

» Que le Traité de Commerce, dernière-
» ment fait avec l'Angleterre, soit revu par
» les Etats-Généraux.

» Que les Etats - Généraux considèrent
» combien peu d'encouragement il a été
» donné jusqu'ici à l'Agriculture, à l'Induf-
» trie, au Commerce; qu'ils s'occupent en
» conséquence des moyens de faire naître
» & entretenir l'émulation dans les diffé-
» rentes parties, pour les faire atteindre au
» degré de splendeur qui doit augmenter
» la richesse & le bonheur de l'Etat (1) «.

____

(1) *Cahier des plaintes, doléances & remontrances du*

Ne cherchons plus ailleurs la cause du *déficit* qui charge la Nation d'un poids énorme. Les trois sources de la richesse nationale négligées, sur le point d'être taries ; des Règlemens, des Traités de Commerce faits à l'insçu de la portion du peuple que cet objet touche directement ; le dernier avec l'Angleterre, conclu à huis clos, pour la ruine de l'industrie Françoise ! & l'on demandera encore pourquoi la recette est au-dessous de la dépense ! Il n'y a au monde qu'une France : tout autre Etat auroit succombé sous le faix.

Dans l'*Etat général* (& *Rapport*, 16, 28,) *des revenus & des dépenses fixes annexé au Rapport du Directeur-Général des Finances, fait par ordre du Roi*, à l'ouverture des Etats-Généraux, le 5 Mai de cette année 1789, le *Déficit* annuel est porté à 56, 150, 000 liv., les réductions commencées sur tous les objets de dépenses, font espérer que ce *déficit* baissera.

____

Tiers-Etat du Bailliage de Metz, *présidé par M. le Lieutenant-général audit Siège, remis à MM.* Emmery *&* Mathieu de Roudeville, *Avocats en Parlement ;* la Salle, *Lieutenant-général du Bailliage de* Sare-Louis *; &* Claude Alongons, *Avocat ; nommés le* 15 *Avril Députés du Tiers des Bailliages de* Metz, Thionville, Sare-Louis *&* Longvi, *& des Prévôtés Royales & Bailliages de* Phalsbourg *&* Sarrebourg. p. 7. n°. 8. p. 43. n°. 63. p. 47. n°. 74.

Une aſſiette des impoſitions, juſte, égale, uniforme, remplira le reſte, ſans nouvelle charge ſur le peuple. Mais jamais les produits nationaux ne donneront complètement même la recette annoncée dans le Rapport, ſi on néglige les reſſources que j'ai indiquées dans le §. XXIX.

Le *Rapport* du Miniſtre des Finances eſt un Oůvrage bien propre à relever la Nation aux yeux de l'Europe attentive, peut être jalouſe. Je ne puis m'empêcher d'en citer un morceau, qui confirme ce que j'ai propoſé ſur la réduction de l'intérêt.

» Et qu'on ſe figure, dit M. Necker
» (p. 62.), l'époque peut-être peu éloignée,
» où l'exactitude des paiemens, la rareté des
» emprunts, leur ceſſation abſolue & l'action
» ſalutaire d'une Caiſſe d'Amortiſſement,
» réduiroient l'intérêt à quatre pour cent,
» & forceroient à conſidérer ce prix comme
» le ſeul auquel on doit aſpirer. Alors non-
» ſeulement les Finances de l'Etat s'amélio-
» reroient par la réduction libre des intérêts
» les plus onéreux; mais un effet plus im-
» portant, c'eſt qu'une diminution générale
» dans le produit des fonds publics, ren-
» droit des ſommes conſidérables au Com-
» merce & à l'Agriculture, & leur procure-

» roit sans effort les secours les plus néces-
» saires, l'encouragement le plus efficace «.

Nivernois & Donziois.

» Qu'il soit avisé par les Etats-Généraux
» au remède à apporter aux maux que le
» Traité de Commerce avec l'Angleterre
» occasionne à celui du Royaume, & parti-
» culièrement à celui de cette Province,
» véritablement appauvrie par la chûte de
» ses Manufactures de Fayance (1) «.

Traité effrayant, fléau universel, qui
porte la mort dans tous les atteliers François !

Paris.

» Peser les inconvéniens du Traité de
» Commerce fait avec l'Angleterre (2) «.

---

(1) *Cahier des remontrances & doléances du Tiers-Etat du Bailliage de* Nivernois & Donziois, *à* Nevers. *Ledit Cahier remis à* MM. Gounot, *Avocat à* Nevers ; Parent, *Avocat au Conseil ;* Marandat D'olliveau, *Avocat à* Nevers ; Robert, *Avocat à* Saint-Pierre-le-Moutier ; *Députés aux Etats-Généraux.* p. 28. n°. 22.

(2) *Procès-verbal de l'Assemblée partielle de l'Ordre du Tiers-Etat de la ville de* Paris ; *tenue à l'Abbaye Saint-Germain-des-Prés les* 22 & 23 *Avril* 1789, *avec les pouvoirs & instructions donnés à ses Représentans.* p. 16. n°. 25.

O 4

» L'EXAMEN du Traité de Commerce avec
» l'Angleterre (1) «.

» LES Députés propoferont aux Etats-
» Généraux de s'occuper des avantages ou
» défavantages réfultans du Traité de Com-
» merce entre la France & l'Angleterre, &
» les péferont dans leur fageffe (2) «.

Ces trois articles ferviront de réponfe à
l'apologie du Traité de 1786, que *M. A.,
Avocat en Parlement, S. D. du B. de la B. du C.*
croit pouvoir hafarder dans fes *Réflexions
fommaires fur le Commerce de Paris, dépofées à
l'Hôtel-de-Ville, le Lundi, 20 Avril 1789, pour être
remifes aux COMMISSAIRES chargés de la rédaction
du Cahier des Communes.* p. 18—24. 28. n°. 5.

Il y a de bonnes chofes dans cette
Brochure. Ce qui regarde les encouragemens
promis par l'Arrêt du Confeil du 29 Décembre 1787, pour le commerce de France
avec les Etats-Unis de l'Amérique (p. 14 15.),
& les avantages du Traité de Commerce
conclu en Janvier de la même année avec

---

(1) *Procès-verbal & Cahier de l'Affemblée du Tiers-Etat
du Diftrict des Petits-Auguftins, quartier Saint-Germain-
des-Prés, tenue le 21 Avril 1789. p. 14.*

(2) *Cahier &c. de l'Affemblée du Tiers-Etat tenue en
l'Eglife de Saint-Gervais, &c. p. 15. n°. 29.*

la Ruſſie (p. 17.), préſente à la Nation des
eſpérances fondées, en offrant des débouchés
à ſon induſtrie. Comment, après cela, l'Auteur peut-il prendre la défenſe d'un Traité
qui tend à anéantir nos Manufactures ? Le
bien de Paris (p. 18. 20. 24.), quand il ſeroit
réel (ce qui n'eſt pas), ne peut balancer la
perte qu'éprouve le Royaume entier : la perfection qu'acquerront, avec le temps & la
patience, les Ouvrages de Paris (p. 21—23.),
la ſuppreſſion préſumée de quelques droits,
ne dédommage point du vuide immenſe que
l'inactivité actuelle produit dans les atteliers
nationaux : quand on eſt mort, on n'eſt plus
propre à rien. Cette manière de réveiller, d'exciter l'émulation de 24 millions d'hommes,
eſt bien cruelle.

Mais répondons plus directement à M. A.
S. D. du B. de la B. du C. Il donne (p. 19.)
les articles d'importation Angloiſe permis
par l'article 6 du Traité : c'eſt la bière, la
quincaillerie, la bonneterie de laine & de
coton, & non de ſoie, des cotonnades, des
lainages, des toiles de lin & de chanvre, de
la ſellerie, des gazes, de la mouſſeline, de
la fayance, de la poterie. Que remarquerez-
vous, ajoute-il, dans cette nomenclature,
qui préſente l'idée d'une concurrence très-

défavantageufe pour le commerce de la ville de Paris? vous défignez, fans doute, la bière, la quincaillerie, mais fur-tout la fellerie & les gazes.

Non, Monfieur A. S. D. &c., c n'eft point là ce qui nous affecte principalement, mais bien la *bonneterie*, les *cotonnades*, les *lainages*, les *toiles*, la *fayance*, la *poterie*. Parlez-vous férieufement? des objets d'un débit commun, affuré, qui conviennent à un peuple immenfe, à 24 millions d'ames, aux pauvres comme aux riches, préfentés dans les marchés avec les mêmes objets de fabrique nationale qui ne peuvent en foutenir la concurrence !

Et que nous eft-il permis d'exporter en Angleterre ? Des *dentelles de foie* ou *blondes*, des *glaces*, de la *parfumerie*, des *plumes d'autruche*, de la *porcelaine*, des *gants de peaux*, des *ouvrages de modes*, des *meubles*, des *habillemens*, de la *tabletterie*, de la *bijouterie* & de l'*orfévrerie* (p. 19. 20.) : c'eft-à-dire, des objets de luxe, d'agrément, que le peuple, fur 8 à 10 millions d'ames, ne prendra pas, qui ne font faits que pour la claffe des riches.

Si vous écriviez pour Bordeaux, vous citeriez fes vins ; pour Marfeille, fes huiles ; & l'on vous feroit la même réponfe : la confommation générale en Angleterre, eſt comme je l'ai dit fur *Calais,* celle des vins de Portugal, pour lefquels on a diminué les droits d'entrée, & celle des huiles d'Italie.

Mais il fuffit pour le préſent de renvoyer aux bons ouvrages qui ont paru, & à ceux qui paroîtront fans doute, fur un objet qui touche le *principe vital* du Peuple François. L'erreur des Anglois eſt inconcevable. Ils multiplient & étendent les membres du Corps Britannique, comptant toujours avoir de quoi l'entretenir. Plus prudens, nous nous coupons bras & jambes, pour n'avoir que le tronc à nourrir. Admirable économie !

Ponthieu.

» QUE tous les beſtiaux néceſſaires à la
» culture des terres, toutes les matières pre-
» mières, alimens des Manufactures & Arts,
» telles que laines, coton, ingrédiens de
» teinture, huiles, favons, potaſſes, dro-
» gues médicinales, charbon de terre, &c.
» foient exempts des droits perçus à l'entrée,
» ou du moins adoucis en raiſon de la pro-
» tection que le Gouvernement prétend ac-
» corder à l'Agriculture, aux Manufactures
» & aux Arts.

» Que tous droits sur le poisson frais,
» sec & salé de pêche nationale, soit anéanti,
» en ce qu'il tient à la subsistance journa-
» lière de l'habitant de certaines Villes &
» du Matelot pêcheur.

» Le Commerce a besoin au-dehors de la
» protection du Gouvernement, & au-dedans
» il lui suffit d'être favorisé. Celui de la
» France, sur lequel l'Administration n'a pas
» eu les yeux assez ouverts, n'est pas aidé
» de cette utile protection, sans laquelle il
» ne peut prospérer. Les entraves & les abus,
» de tout genre, ont réprimé l'essor qu'il
» pouvoit prendre. L'Agriculture, qui se
» trouve très-étroitement liée au commerce
» par les objets qu'elle lui fournit, & les
» rapports multipliés qu'ils ont ensemble,
» ne peut en être séparée. Leurs intérêts sont
» communs, & semblent se confondre :
» c'est pourquoi les Députés demanderont
» pour l'un & l'autre, liberté, encourage-
» ment, faveur & protection ; & particu-
» lièrement pour l'Agriculture, la suppres-
» sion des impôts, dont elle est plus qu'ac-
» cablée, & qui portent le découragement
» dans cet art utile & précieux.

» Le Traité de Commerce avec l'Angle-
» terre, a porté le coup le plus funeste à

» nos Manufactures; il faut donc en deman-
» der la révocation ; & que, si elle est im-
» praticable en politique, du moins l'effet
» en soit éludé, ainsi que les Anglois nous
» en ont donné l'exemple sur les objets du
» même Traité, qui leur offrent le moins
» d'avantages, en établissant un droit ; ou à
» l'entrée, ou intérieurement, à la consom-
» mation, de la manière la plus conforme
» au plan qui sera adopté pour les Douanes.

» Que la sortie des laines soit, à l'exem-
» ple de l'Angleterre, absolument prohibée,
» avec d'autant plus de raison, qu'on s'ap-
» perçoit que les Anglois tentent en ce mo-
» ment d'accaparer les laines dans les cam-
» pagnes du voisinage des ports de Calais
» & de Dunkerque.

» Que les Chambres de Commerce soient
» supprimées, & que les Corps Consulaires
» soient investis de leurs fonctions, qu'ils
» rempliront gratuitement.

» Que les laines étant un des principaux
» alimens des Manufactures, & celui au
» moyen duquel les Anglois obtiennent sur
» les Fabricans François une préférence si
» décidée ; il est nécessaire que le Gouver-
» ment s'occupe du soin de régénérer la

(221)

» race du mouton en France, & d'encou-
» ger les parçages (1) «.

Cet extrait fait naître des réfléxions fur
l'état de l'Agriculture & du Commerce en
France. Quoi ! eft-ce la première fois que
le Ponthieu repréfente la néceffité de nourrir l'induftrie, en affranchiffant des droits
d'entrée les matières premières, alimens de
nos Manufactures ; de laiffer au Matelot
pêcheur, fon poiffon franc de tout impôt ;
de chercher les moyens d'améliorer la qualité de nos laines ; d'en prohiber abfolument la fortie ? Eft-ce la première fois qu'un
pays fi connu par fes Manufactures, s'élève
contre le perfide Traité de Commerce conclu
en 1786 avec l'Angleterre, fe plaint amère-
ment du coup mortel qu'il a porté au commerce vraiment François ; qu'il avertit des
accaparemens de laines, faits par les Anglois, moins riches par conféquent dans cette
forte de denrée qu'on ne le prétend ? Eft-ce

____

(1) *Cahier général des trois Ordres de la Sénéchauffée de
Ponthieu, &c. Cahier des plaintes, remontrances & demandes
au Roi & à la Nation affemblée, que le Tiers-Etat de la
Sénéchauffée de* Ponthieu *charge fes Députés de porter &
préfenter aux Etats-Généraux du Royaume, convoqués à
Verfailles le* 27 *Avril* 1789. p. 13. n°. 5. 6. p. 36. 37. art.
1. p. 39. art. 8. 9. p. 41. art. 14.

enfin la première fois qu'il se plaint, pour l'Agriculture, le Commerce, du défaut de protection, de surveillance de la part de l'Administration ?

Et l'on nous dira éternellement, au bord du précipice, la mort peinte sur le visage : tout va bien : le Royaume est riche & content ! Il est temps d'ouvrir les yeux, & de substituer, nous le pouvons, la vraie source des richesses, l'industrie nationale, chez nous & au-dehors, à ce remuement de papiers empestés, qui, jusqu'ici, ne nous ont donné que la maladie du Plomb.

Rennes.

» UNE acte de Navigation formé dans l'es-
» prit de celui d'Angleterre, seroit le plus
» sûr moyen d'encourager la Navigation na-
» tionale. Le cabotage essentiel pour for-
» mer les Marins, languit & ruine les Ar-
» mateurs ; il faut une exclusion expresse de
» tous vaisseaux étrangers caboteurs ; que
» les nôtres seuls soient admis au cabotage ;
» que les Fermiers - Généraux ne puissent
» faire transporter par des étrangers, les sels
» pour les Provinces intérieures.
» Qu'on supprime les droits de bris &

» naufrage , encore prétendus par quelques
» Seigneurs....

» Qu'on faffe avec l'Efpagne un nouveau
» Traité de Commerce relatif à notre fitua-
» tion politique actuelle.

» Qu'on permette l'entrée des taffias en
» France; mais que les droits foient tels que
» les taffias ne puiffent nuire à la confom-
» mation de nos eaux-de-vie, &c.

» Qu'on fupprime les priviléges des Ports
» francs : l'uniformité eft préférable, l'inté-
» rêt général & la juftice exigent que loin
» de concentrer les moyens, on les étende.

» Qu'on abroge les loix barbares qui im-
» pofent des droits confidérables pour l'af-
» franchiffement (1) même des Nègres, &
» peuvent empêcher la bonne volonté d'un
» maître envers fon efclave.

» Que tout privilége exclufif foit fuppri-
» mé ; fur-tout celui de la Compagnie des
» Indes, nuifible au Commerce général du
» Royaume ; & notamment aux Villes ma-
» ritimes.

» Que l'Arrêt du Confeil du 30 Août 1784,
» qui, en ouvrant nos Colonies à nos rivaux,

____

(1) Voyez le *Rapport* de M. Necker aux États-Généraux, p. 82.

» &

» & leur y donnant l'entrée, a porté le coup
» le plus funeste au Commerce François &
» à la Navigation nationale, soit entière-
» ment retiré.

» Du retrait de cet Arrêt dépend le sort
» du Commerce de la pêche de la morue;
» il est perdu, si l'Arrêt subsiste, & sa ruine
» emporte celle des Négocians, & de la
» pépinière des Matelots (1) «.

Au 18ᵉ siècle, siècle, dit-on, de lumières,
croiroit-on trouver encore en France des
droits de bris & de naufrage, des droits à payer
par le maître qui affranchit son esclave?

Le nouveau Traité de Commerce avec
l'Espagne, regardera sans doute le débouché
de nos Manufactures (2), de notre industrie
expirante, & l'importation des matières premières que cet Etat nous fournit.

La nouvelle Compagnie des Indes est
proscrite, par le pays même que l'ancienne

---

(1) *Cahier des charges, instructions, vœux & griefs du peuple de la Sénéchaussée de* Rennes, *pour être présenté à la prochaine Assemblée des Etats-Généraux du Royaume.* p. 63. art. 188. 189. p. 65. art. 194. 195. p. 67. 68. art. 203. p. 69. art. 207. 208. 209.

(2) *Réflexions sommaires sur le Commerce de Paris, &c. par* M. A. *Avocat en Parlement, &c.* 1789. p. 15.

P

vivifioit : ce n'eſt pas la choſe qui eſt atta‑
quée ; c'eſt la forme, le régime.

Peut être que ces ſyſtêmes modernes de
liberté indéfinie, cèderont enfin aux be‑
ſoins réels, preſſans du commerce natio‑
nal, préſentés à la fin de ce morceau.

Rouen.

» QUE le Roi ſera ſupplié de ne conclure
» aucun Traité de Commerce avec les Puiſ‑
» ſances étrangères, ſans que le projet en
» ait été communiqué aux Chambres de
» Commerce du Royaume, & qu'elles aient
» eu le temps de faire à Sa Majeſté leurs
» remontrances & obſervations.

» Qu'il ſoit pourvu ſur la demande des
» Etats‑Généraux, par tous les moyens qui
» ſont au pouvoir de l'Adminiſtration, aux
» déſavantages actuels du Traité de Com‑
» merce fait avec l'Angleterre ; & ceux de
» l'Arrêt du Conſeil du 30 Août 1784 re‑
» latif aux Colonies ; & qu'en traitant l'ob‑
» jet du Traité de Commerce, les Etats pren‑
» nent en conſidération s'il eſt néceſſaire
» d'autoriſer ou de défendre l'uſage des ma‑
» chines Angloiſes dans le Royaume.

» Que proviſoirement, & en repréſailles
» de ce qui ſe pratique en Angleterre, les

» Négocians & Marchands qui vendront les
» marchandifes de Fabrique Angloife, foient
» affujettis à un droit annuel, tel que les
» Anglois en exigent un fous la qualifica-
» tion de *droit de licence ;* & qu'il ne foit per-
» mis de faire venir en moindre quantité que
» celle de cinquante pièces entières, de vingt
» aunes au moins, de la même efpèce de
» marchandife fabriquée.

  » Que toute marchandife étrangère ne
» puiffe être importée que par les navires
» de la nation qui la fournira, en con-
» currence avec les navires François ; &
» que le Navigateur étranger ne puiffe
» charger en France pour tout autre port
» que ceux de fa nation. L'Angleterre doit
» principalement l'accroiffement de fa Ma-
» rine à un Règlement femblable, par fon
» *Acte de Navigation.*

  » Que la Compagnie des Indes, celle du
» Sénégal, & en général tous les priviléges
» exclufifs foient fupprimés.

  » Qu'il en foit de même de tous les Ports
» francs du Royaume, & qu'on admette
» dans tous indiftinctement l'entrepôt de
» toutes les marchandifes non fabriquées,
» avec faculté de les faire reffortir à l'étran-

» ger, foit par mer, foit par terre, en exemp-
» tion de droits.

» . . . . Que la pêche, pépinière précieufe
» des meilleurs Matelots, foit dégagée de
» toutes les entraves qui s'oppofent à fon
» accroiffement, & qu'elle reçoive des en-
» couragemens proportionnés à fon uti-
» lité (1) «.

Ces fept articles méritent d'être pefés,
médités profondément : c'eft le réfultat des
obfervations tecniques en quelque forte, des
réflexions d'une Ville qui connoît parfaite-
ment le commerce national & le commerce étranger.

Ce qui eft dit, à la fin de l'article fecond,
regarde les machines Angloifes pour la fila-
ture du coton. En Normandie un enfant de
fix ans gagne par jour fa nourriture : fi on
autorife ces machines, il faut le répéter,
voilà des milliers de bras, qui ne peuvent
fervir à l'Agriculture, fans action ; & le pays
fans vie.

____

(1) *Cahier des doléances, remontrances & inftructions de
l'Affemblée du Tiers-Etat de la ville de Rouen, deftinées à
être portées aux Etats-Généraux en 1789. Mars 1789. p.
35—38. n°. 57. 58. 59. 60. 61. 62. 64.*

On demande par l'article troifième, *la repréfaille* ; & nous nous croyons en paix ! on voit par l'article 16 du fameux *Acte de Navigation* (1) que les Anglois la connoiffent comme nous, la repréfaille.

L'article 4, quand on voudra bien s'occuper férieufement de la Marine, nous donnera des Matelots & des Vaiffeaux.

Le Régime de la nouvelle Compagnie des Indes combat directement l'efprit du Commerce : l'ancienne avoit fes défauts ; mais il faudra y revenir, en corrigeant les abus, fans cela il n'y a plus d'Indes Françoifes, à la très-grande fatisfaction de nos rivaux.

La franchife des Ports, dans un même Etat, eft un monopole odieux : c'eft traiter comme étrangers des fujets qui ont droit à la même protection, aux mêmes avantages ; c'eft attifer la jaloufie par une préférence qui anéantit l'induftrie, & eft faite pour enlever au Souverain, s'il eft poffible, le cœur de ceux qui l'aiment le plus tendrement.

La France, comme, je l'ai déja obfervé, a plus de 300 lieues de côtes fur l'Océan,

____

(1) *Londres*, deuxième Edit. 1774. T. III. p. 373. n°. 16.

P 3

& plus de cent fur la Méditerranée. On
fent l'étendue de pêches que cet efpace
confidérable peut donner. Que nous fommes loin des recherches que les Anglois
viennent de faire pour améliorer celles de
leur pays !

Saint-Quentin.

» QUE le tarif des droits d'entrée & de
» fortie du Royaume foit revu par les Etats-
» Généraux.

» Que nul Traité de Commerce ne foit
» conclu fans la participation des Etats-Gé-
» néraux.

» Qu'il foit remédié aux abus de l'Arrêt
» du Confeil de 1784, manifeftes par l'intro-
» duction frauduleufe des toiles de Siléfie
» & autres dans les Colonies Françoifes.

» Que les Confuls & Vice - Confuls de
» France foient pris parmi les Négocians ou
» Armateurs, & révocables (1) «.

____

(1) *Cahier général des doléances , plaintes , remontrances
& demandes du Tiers-Etat du Bailliage de Saint-Quentin,
en Vermandois, à préfenter à l'Affemblée des Etats-Généraux
qui doit fe tenir à Verfailles le 27 Avril prochain , conformément à l Lettre de Convocation de S. M. du 24 Janvier
dernier , rédigé par les 22 Commiffaires nommés à cet effet en
l'Affemblée du Tiers-Etat dudit Bailliage , tenue en l'Eglife*

Les deux premiers articles ont rapport au Traité de Commerce avec l'Angleterre en 1786. On voit par le troisième le tort considérable que l'Arrêt de 1784 fait journellement à nos Manufactures

Quant au quatrième article, il est certain que les Postes de Consul & Vice-Consul, regardant le Commerce, demandent des connoissances pratiques acquises, ou dans le Négoce, les Armemens, ou bien dans le pays où ces Officiers sont placés.

Toulon.

» QUE l'Arrêt du Conseil du 30 Août 1784,
» concernant le Commerce étranger, dans
» les Isles Françoises de l'Amérique, soit
» révoqué (1) «.

Troyes.

» QUE les Etats-Généraux soient priés de
» prendre en considération, s'il ne seroit
» pas nécessaire de révoquer l'Arrêt du Con-
» seil du mois d'Août 1784, portant permis-

---

des RR. PP. Cordeliers de ladite ville de Saint-Quentin, le 6 Mars présent mois, sur les Cahiers de toutes les Communautés composant ledit Bailliage. p. 15. 21. 22.

(1) Cahier de la ville de Toulon. p. 25. art. 2.

P 4

» fion aux Colonies, de s'approvifionner par
» l'entremife des étrangers «.

Certainement le Confeil n'entendoit
point par *approvifionnement* l'entrée des toiles
de Siléfie, dont parle le Bailliage de Saint-
Quentin : mais il devoit prévoir qu'une pa‑
reille permiffion pafferoit bien les objets de
première néceffité.

» Que tout privilége exclufif de commerce
» foit révoqué , notamment celui de la
» Compagnie des Indes; & que déformais
» il n'en foit accordé aucun , fous tel pré‑
» texte que ce foit.

Encore un coup porté à la nouvelle
Compagnie.

» Qu'aucun Traité de Commerce ne
» puiffe être conclu ni arrêté à l'avenir,
» qu'après avoir confulté les Villes de
» Commerce & de Fabrique; & que les
» Etats-Généraux foient priés de prendre en
» confidération les effets qui réfultent du
» Traité avec l'Angleterre (1) «.

C'eft une opération bien longue que de
confulter des Villes de commerce : & puis
ces Fabricans , gens du métier, ont des

______

(1) *Cahier du Tiers-Etat du Bailliage de* Troyes, *& des*
Bailliages fecondaires. p. 45. n°. 142. 143. p. 46. n°. 144.

connoiſſances pratiques ſouvent gênantes.
L'homme, au tapis verd, règle, d'une manière tranſcendante, ce qui leur convient :
c'eſt à eux à y trouver leur avantage, duſ-
ſent ils mourir de faim. Nos voiſins, qui ne
ſont pas encore formés, conſultent : mais
il faut qu'enfin la vieille routine cède au
nouveau bon ſens.

Quand on voit vingt perſonnes, à table,
prêtes à rendre le dernier ſoupir, on les
ſuppoſe empoiſonnées : voilà l'effet réſultant, en France, du Traité de Commerce
avec l'Angleterre.

Vannes.

» Interdiction de tout Privilége excluſif,
» pour quelque branche de commerce que
» ce ſoit, notamment celui de la Compagnie
» des Indes, le Gouvernement récompenſant
» les découvertes utiles, & encourageant de
» plus en plus les Manufactures (1) «.

La Bretagne autrefois, ſur-tout Vannes,
étoit bien éloignée de demander la ſuppreſſion du Privilége de la Compagnie des Indes :

---

(1) *Cahier des plaintes, doléances & demandes du Tiers-
Etat de la Sénéchauſſée de Vannes, en Bretagne.* p. 17.
art. 86.

il faut que le régime de la nouvelle foit
bien oppreffif, pour qu'elle ait contre elle
les pays même dont l'ancienne faifoit le
bonheur.

» Les Etats-Généraux fuppliés de folliciter
» l'interdiction aux Etrangers de commercer
» dans nos Colonies (1) ».

Ceci eft contre le Règlement de 1784.

» Abolition du Traité de commerce entre
» la France & l'Angleterre. Défenfe aux bâ-
» timens Etrangers de faire le cabotage de
» ports en ports dans l'étendue du Royaume,
» fur-tout en temps de paix (2) ».

Nouvelle réclamation contre ce Traité
défaftreux. Le cabotage national eft l'aliment de la Marine du pays.

» Suppreffion de la franchife de l'Orient (3) ».

Cependant cette partie de la Bretagne
devroit s'intéreffer à la franchife de l'Orient :
il faut donc que cette franchife ne foit actuellement qu'une sûreté de plus pour le
commerce Anglois, déguifé fous celui de
la nouvelle Compagnie.

» En temps de guerre, faire toujours con-

---

(1) *Ibid.* art. 87.
(2) *Ibid.* art. 88.
(3) *Ibid.* p. 19. art. 99.

» voyer les flottes du commerce, & de pré-
» férence par des Officiers de la Marine
» marchande (1) «.

Cet article est important. Le convoi est
fait pour la flotte marchande : il doit périr
pour sa défense. Si la flotte est sauvée, &
que le vaisseau convoyant soit coulé ou
pris, la victoire n'en est pas moins remportée.
Les Bretons remarquent apparemment que
la Marine Royale, quand elle convoye, ne
s'expose pas assez, dans l'idée qu'elle doit
se conserver pour l'Etat : erreur funeste,
dans laquelle ne donneront pas des Officiers
de la Marine marchande, qui n'abandonne-
ront jamais leur mère nourrice, le Commerce.

§. XXXII.

*Réclamation du Royaume contre les Règlemens,
Ordonnances , Délibérations de Corps, &c. injurieux au Tiers-Etat.*

CLERGÉ.

Dijon.

» (LES Députés font chargés de deman-

---

(1) *Ibid.* art. 100.

» der) le droit de tous les Citoyens d'être
» égaux, relativement aux places & emplois
» Eccléfiaftiques, Civils & Militaires, &
» aux récompenfes qu'ils peuvent procurer;
» en ce fens que tous en font fufceptibles
» & peuvent y prétendre, à raifon de leurs
» talens, de leur mérite, & de leurs fervi-
» ces, & que nul n'en puiffe être exclu,
» pour raifon de naiffance ou de condition
» non noble (1) «.

Forez.

» ADMETTRE tous les Ordres indiftincte-
» ment aux dignités Eccléfiaftiques, Emplois
» Civils & Militaires, en préférant la No-
» bleffe à mérite égal (2) «.

---

(1) *Cahier de l'Ordre du Clergé du Bailliage principal de Dijon, & des Bailliages fecondaires de Beaune, Nuits, Auxonne & Saint-Jean-de-Lône;* contenant les inftructions & les pouvoirs que donne ledit Ordre à fes Députés aux Etats-Généraux, convoqués pour le 27 Avril 1789, en la ville de Verfailles. p. 5. n°. 6.

(2) *Cahier des doléances & vœux du Clergé féculier & régulier de la Province de Forez,* affemblé à Montbriffon, en conféquence des Lettres du Roi, pour la convocation des Etats-Généraux, du 24 Janvier 1789, de l'Ordonnance de M. le Bailli de Forez, du 17 Février dernier. Du 23 Mars 1789. Dans les Cahiers de doléances du Clergé, de la Nobleffe

La préférence, pour les fimples honneurs ;
foit. C'eft fi peu de chofe ! mais des dignités ou emplois avec exercice , des charges
importantes dans l'Etat , ne doivent être
données qu'au mérite ; fauf les convenan-
ces, qui peuvent quelquefois demander un
roturier , auffi bien qu'un noble.

Saintonge.

» DANS quelques Parlemens , notamment
» le Parlement de Paris, il s'introduit un
» ufage qui mérite une grande attention ;
» c'eft de ne recevoir pour Juges que des
» nobles. C'eft fermer la porte à beaucoup
» d'hommes honnêtes & capables. Il eft
» étrange qu'on demande la Nobleffe pour
» des charges qui ennobliffent (1) «.

La vanité eft très-fouvent inconféquente.
Cependant il y a ici un motif : on veut
faire croire que la nobleffe du Confeiller, du
Préfident ne vient pas de fa place : nouveau
relief aux yeux de la multitude.

---

*& du Tiers-Etat de la Province de Forez ; remis à leurs
Députés aux Etats-Généraux.* p. 7.

(1) *Pouvoirs donnés aux Repréfentans du Clergé de
Saintonge, remis à MM. l'Evêque de Saintes , le Prieur
Curé de Champagnolles.* p. 38. 39.

Troyes.

» LE mérite & les talens joints à une con-
» duite irréprochable , donneront au Tiers-
» Etat le droit d'être admis aux grades
» Militaires & aux Charges de Magiftra-
» ture (1) «.

Cela ne fuffit pas. Il femble que la Nobleffe, pour ces poftes, n'ait befoin ni de
mérite , ni de conduite , tandis qu'on exige
ces conditions du roturier. Les grades , les
charges ne doivent généralement être donnés qu'aux fujets qui en font dignes , fans
égard à la naiffance , fauf les ménagemens
que les circonftances peuvent demander.

NOBLESSE.

Bayonne.

» LE Tiers - Etat ne fera exclus d'aucun
» emploi public , ni d'aucun grade , lorf-
» que fes qualités perfonnelles l'y auront
» appelé (2) «.

____

(1) *Cahier des pouvoirs des Députés du Clergé de* Troyes,
&c. p. 11. n°. 36.

(2) *Cahier des délibérations propofées par les trois Ordres*
réunis de la ville de Bayonne, &c. p. 38. n°. 74

Douay & Orchies.

» Les États-Généraux demanderont au Roi
» d'élever indiſtinctement aux grades Mili-
» taires ſupérieurs, tout Officier qui aura
» bien mérité de la Patrie (1) «.

Metz.

» Que l'Ordre de la Nobleſſe n'approuve
» aucune des loix qui ferment l'entrée des
» emplois Militaires à l'Ordre du Tiers.
» Que tout Citoyen d'un mérite reconnu,
» puiſſe parvenir aux différentes places de
» Magiſtrature, & que nul n'y ſoit reçu, qu'il
» n'ait fait preuve de capacité (2) «.

TIERS-ETAT.

Angers. (Conſulat d')

» Que toute excluſion des emplois d'Egli-
» ſe, de Robe ou d'Epée, donnée aux ro-
» turiers, ſoit abrogée ; que tout Citoyen

---

(1) *Cahier des doléances de l'Ordre de la Nobleſſe &c. de*
Douay & Orchies, &c. p. 23. n°. 72.

(2) *Cahier de l'Ordre de la Nobleſſe du Bailliage de Metz,*
&c. p. 19. n°. 31. p. 22. n°. 44.

» puiſſe prétendre à tout par ſon mérite,
» & que les Tribunaux des Cours ſupérieu-
» res, même le Conſeil d'Etat, ſoient com-
» poſés de moitié roturiers (1) ».

Anjou.

» Tous les Ordres de l'Etat ſeront excités
» au bien public par les mêmes objets d'é-
» mulation : en conſéquence aucun emploi
» Civil ou Militaire, aucune dignité Ecclé-
» ſiaſtique ne pourra être remplie par les
» membres d'un Ordre excluſivement à ceux
» des autres (2) ».

Angoumois.

» La réforme des Ordonnances militaires
» en ce qui concerne l'excluſion du Tiers,
» du ſervice (3) ».

---

(1) *Plaintes, remontrances & demandes de la Juriſdiction* des Conſuls de *la ville d'*Angers. 7 *Février* 1789. p. 7.

(2) *Cahier contenant les vœux des Communes de la Pro-vince d'*Anjou. p. & n°. 21.

(3) *Cahier du Tiers-Etat des Sénéchauſſées principale & ſecondaire d'*Angoumois, *aux Etats-Généraux, remis à* MM. Augier, *Négociant à Coignac ;* Roy, *Avocat à Angoulême ;* Marchais, *Aſſeſſeur à la Rochefoucault ;* Dulimbert, *Procureur du Roi à Confolent.* p. 6.

Auxerre.

Auxerre.

» Que dans la compofition des Cours &
» Siéges Royaux, il entre toujours au moins
» moitié des membres tirés du Tiers-Etat.

» Que les Ordonnances qui n'admettent
» que les Nobles aux grades militaires, &
» celles qui en excluent le Soldat, même après
» que par de longs fervices, il les a mérités,
» foient révoquées comme humiliantes, def-
» tructives de toute émulation & contrai-
» res à l'Ordonnance de 1751 (1750), dont
» on a reconnu les bons effets (1) «.

Bar-fur-Seine.

» Tous les fujets d'un même Empire font
» également enfans de la patrie. Ce font les
» vertus & les talens qui doivent feuls met-
» tre quelque différence entr'eux : on ne
» peut donc fans une injuftice révoltante,
» fans violer toutes les loix de la nature
» & de la fociété, fermer à qui que ce foit
» les routes qui mènent aux honneurs & aux

------

(1) *Cahier des pétitions du Tiers-Etat au Bailliage
d'Auxerre, pour fervir d'inftruction à fes Députés aux
Etats-Généraux de 1789. p. 17. 18. art. 24. 26.*

Q

» diftinctions. Si les Nobles font élevés à un
» rang au-deffus du Tiers-Etat , c'eft qu'on
» a donné une libre carrière aux vertus &
» aux talens de leurs Ancêtres. Si donc les
» roturiers du premier fiècle n'avoient d'au-
» tre droit que ceux de notre temps , pour-
» quoi voudroit-on forcer ceux-ci à enfouir
» les dons qu'ils ont reçus de la nature ,
» lorfqu'on a permis aux autres de s'en ho-
» norer , par le préfent qu'ils en ont fait
» à la patrie ? Elle réclame , cette patrie ,
» contre l'exclufion de toutes les places ho-
» norables que la Nobleffe s'efforce de don-
» ner au Tiers-Etat , & follicite une loi qui ,
» en abrogeant la dernière Ordonnance qui
» exclut le Tiers-Etat des emplois militaires,
» affure au contraire à ce dernier Ordre
» l'admiffion tant auxdits emplois , qu'à
» tous les Offices de la première Magiftra-
» ture , & à tous les Bénéfices Eccléfiafti-
» ques (1) «.

Le raifonnement eft jufte. Vos pères étoient
ce que vous appelez des *Vilains (Villains) : ils
font devenus *Nobles* par leurs vertus, leurs

____

(1) *Doléances du Tiers-Etat du Bailliage de* Bar-fur-Seine,
& *pouvoirs donnés à fes Députés aux Etats-Généraux du
Royaume , convoqués par Sa Majefté & indiqués au* 27
Avril 1789. *in*-4°. p. 24, art. 33.

(243)

talens ; ajoutons , leur *intrigue* , leur *argent.*
Laissez le genre humain se recruter par les
voies ordinaires. La nation a besoin de ces
Chevaliers François, qui, hier à l'Intendan-
ce , parens des Tailles, du Grenier à Sel,
soutiennent aujourd'hui les marches du
Trône.

Calais & Ardres.

» Ils *(les Députés)* solliciteront l'anéan-
» tissement de toutes distinctions humilian-
» tes pour le Tiers.

» La révocation des Ordonnances Mili-
» taires & de la Marine, qui interdisent aux
» non-nobles, le droit d'obtenir des grades ,
» & d'occuper les places auxquelles leurs
» talens & l'intérêt de l'Etat les appellent.

» Leur admission dans les Tribunaux supé-
» rieurs , pour que le Tiers puisse être jugé
» par ses Pairs.

» L'admission des Ecclésiastiques non-no-
» bles aux Bénéfices consistoriaux , autant
» pour récompenser leurs services, que pour
» exciter leur émulation.

» Ils supplieront enfin Sa Majesté de sup-
» primer toutes les Charges portant ennoblis-
» sement : ce genre d'illustration , qui dérive
» uniquement de la fortune, étant destruc-

» teur du Commerce, & tendant à conver-
» tir les Capitalistes & Négocians, en de
» simples rentiers (1) «.

Châlons-sur-Marne.

» QUE l'injuste & humiliante distinction,
» qui éloigne le Tiers-Etat des graces mili-
» taires, disparoîtra à jamais devant le mérite
» & les vrais services : en conséquence, que
» la Déclaration de 1784 soit révoquée, &
» celle de 1750, rétablie (2) «.

Dourdan.

» QUE les délibérations des Cours & Com-
» pagnies de Magistratures, qui tendroient
» à en fermer l'entrée au Tiers-Etat, soient
» cassées & annullées, comme injurieuses
» aux Citoyens de cet Ordre, attentoires à
» l'autorité du Roi, dont elles limitent le
» choix, & contraires au bien de la Justice,
» dont l'administration deviendroit le patri-
» moine de ceux qui n'auroient que de la

____

(1) *Cahier général du Tiers-Etat des Bailliages* de Calais
& Ardres. p. 5. 6.

(2) *Plaintes & doléances du Tiers-Etat du Bailliage* de
Châlons-sur-Marne. p. 42. n°. 3.

» naiſſance , au lieu d'être confiée au mé-
» rite , aux lumières & à la vertu.

» Que les Ordonnances militaires , qui
» n'accordent l'entrée au Service qu'à ceux
» qui ont de la nobleſſe , ſoient réfor-
» mées (1) «.

Forez.

» LA révocation de toute excluſion aux
» dignités , charges & emplois Civils, Ecclé-
» ſiaſtiques & Militaires (2) «.

Mantes & Meulan.

» Nos Députés demanderont à la Nation
» une loi qui admette les membres du
» Tiers-Etat , en concurrence avec les deux
» autres Ordres , aux places de Magiſtrature
» dans les Cours ſupérieures ; car on ſait que
» le Tiers-Etat poſsède des talens & de la
» probité , ſeules qualités néceſſaires pour
» faire un Magiſtrat.

---

(1) *Cahier du Tiers-Etat du Bailliage de* Dourdan , p. &
n°. 12. 13.

(2) *Cahier des doléances, plaintes, remontrances & vœux
du Tiers-Etat de la Province de Forez , réduit ſur les Cahiers
du Bailliage principal de Montbriſſon , & du Bailliage ſecondaire de Bourg-Argental , & arrêté dans l'Aſſemblée générale de leurs Députés , &c.* p. 28. n°. 9.

» Nous demandons que la diſtinction hu-
» miliante qui a été établie entre le Tiers &
» la Nobleſſe, pour l'admiſſion aux emplois
» militaires, ſoit anéantie. Il eſt bien juſte
» que le Citoyen qui défend la Patrie, ait
» l'eſpérance de mourir un jour à la pre-
» mière place (1) «.

Metz.

» QUE nonobſtant tous Edits, Ordonnan-
» ces & autres choſes à ce contraires, qui
» feront révoqués, les gens du Tiers-Etat
» ſoient conſervés dans le droit & capacité
» d'obtenir & poſſéder toutes dignités, bé-
» néfices, offices, emplois eccléſiaſtiques,
» civils & militaires auxquels ils pourroient
» être promus ou nommés (2) «.

Nímes.

» QUE dans aucun Tribunal, le titre de
» noble ne ſoit néceſſaire pour être Juge.
» Qu'en conſervant les prérogatives de

---

(1) *Cahier & inſtructions de l'Ordre du Tiers-Etat des Bailliages de* Mantes & Meulan. p. 26. art. 1. p. 45. 46. art. 1.

(2) *Cahier de plaintes,* &c. *du Tiers-Etat du Bailliage de* Metz, &c. p. 11. n°. 23.

» chaque Ordre, il foit néanmoins établi
» des diftinctions & des récompenfes parti-
» culières à chaque profeffion ; que les fujets
» du Tiers - Etat, qui compofent prefque
» toute la Nation, puiffent avoir entrée au
» fervice & aux Emplois Militaires, & l'ac-
» cès aux Ordres fupérieurs, afin que le droit
» d'être utile à la patrie dans les emplois,
» ne foit plus un privilége exclufif (1) «.

Nivernois.

» QUE l'Ordre du Tiers-Etat foit admis
» concurremment avec la Nobleffe, à tou-
» tes les dignités Eccléfiaftiques fans excep-
» tion , & à tous les grades & diftinctions
» Militaires, auffi fans exception , lorfque
» fon éducation , fes talens , fes mœurs, &
» fes vertus l'en rendront digne (2) «.

Nivernois & Donziois.

» QUE le Tiers-Etat foit admis à tous gra-

______

(1) *Cahier des doléances , plaintes & repréfentations du Tiers-Etat de la Sénéchauffée de* Nîmes *, pour être portées aux Etats-Généraux de* 1789. p. 19. n°. 4 p. 38. 39. n°. 5.

(2) *Cahier de la Chambre du Tiers-Etat du Bailliage Royal du* Nivernois *, à* Saint-Pierre-le-Moutier. p. 27. n°. 39.

(248)

» des Militaires fans diftinction. L'honneur,
» la bravoure & les bonnes mœurs y con-
» duifent, il y a droit.

» Qu'il foit admis, comme par le paffé,
» à poffédér toutes les Charges de Magiftra-
» ture qui donnent la Nobleffe.....

» Que, pour que le Tiers-Etat foit jugé
» par fes Pairs, les Parlemens foient à l'ave-
» nir compofés d'un quart d'Eccléfiaftiques,
» d'un quart de Nobles, & de moitié pris
» dans le Tiers-Etat....

» Que les Municipalités foient compofées,
» à l'avenir de perfonnes Nobles & du Tiers-
» Etat, dont les élections feront faites par
» la Commune entière (1) «.

Paris.

» Que tous les membres du Tiers-Etat
» foient admis aux charges & emplois Civils,
» Eccléfiaftiques & Militaires (2) «.

____

(1) *Cahier des remontrances & doléances du Tiers-Etat du Bailliage de* Nivernois *&* Donziois, *à* Nevers, *&c.* p. 25. n°. 15. p. 26. n° 17.

(1) *Procès-verbal de l'Affemblée partielle de l'Ordre du Tiers-Etat de la ville de* Paris, *tenue à l'Abbaye Saint-Germain-des-Prés, les* 22 & 23 *Avril* 1789, *avec les pouvoirs & inftructions donnés à fes Repréfentans.* p. 13. art. 10.

(249)

» L'admiffion de l'Ordre du Tiers dans
» tous les emplois Eccléfiaftiques, Civils &
» Militaires *(1)* «.

» Suppreffion de la vénalité de toutes les
» Charges quelconques , & habilité à tous
» Citoyens , indiftinctement, d'y être ad-
» mis *(2)* «.

» La naiffance ne fera plus un obftacle
» pour parvenir aux charges, emplois &
» dignités , lorfqu'on y fera appelé par fon
» mérite *(3)* «.

» Droit égal avec la Nobleffe à tous les
» emplois Civils , Militaires & Eccléfiafti-
» ques *(4)* «.

Périgord.

» ADMISSION du Tiers aux places Militai-

---

(1) *Procès-verbal & Cahier de l'Affemblée du Tiers-Etat
du diftrict des* Petits-Auguftins *, quartier St-Germain-des-
Prés , tenue le* 21 *Avril* 1789. p 14.

(2) *Cahier de l'Affemblée partielle du Tiers-Etat de la
ville de* Paris *, féante en l'Eglife de* St-Nicolas-des-Champs.
p. 20.

(3) *Cahier , &c. du Tiers-Etat en l'Eglife de* St-Gervais.
p. 14. n°. 26.

(4) *Relation de ce qui s'eft paffé à l'Affemblée du troifième
Ordre , de l'arrondiffement de la Place Royale, diftrict des*
Minimes *, le* 21 *Avril* 1789. p. 6. n°. 14.

» res, de l'Eglife, & de la haute Magiftra-
» ture, & que toutes loix & arrêtés à ce
» contraires foient de nul effet & comme
» non avenus (1) ".

Ponthieu.

» QUE l'Ordonnance qui exclud le Tiers-
» Etat des emplois Militaires, foit abrogée,
» comme aviliffante pour l'Ordre du Tiers,
» & tendante à anéantir le patriotifme &
» l'amour de la gloire.
» Que le Roi fera fupplié par lefdits Dé-
» putés d'admettre le Tiers-Etat dans tous
» les grades du Service de Terre & de celui
» de la Marine Royale (2) ".

Rennes.

» LE plus grand nombre des Magiftrats

---

(1) *Cahier des plaintes & doléances du Tiers-Etat de la Province de* Périgord, *compofée des Sénéchauffées de* Périgueux, Sarlat & Bergerac, *remis à* MM. Fournier de la Charmie, *Lieutenant général de Périgueux ;* Gontier de Biran, *Lieutenant général de Bergerac ;* Loys, *Premier Conful de Sarlat ;* Poulihac de la Sauvelat, *Avocat, près* Villamblard. p. 14. art. 41.

(2) *Cahier du Tiers-Etat de la Sénéchauffée de* Ponthieu, &c. p. 34. 35. n°. 3. 4.

» de Cour Souveraine fera dès maintenant
» & à toujours compofé de Citoyens non-
» nobles & non-ennoblis.

» Il doit donc être arrêté, comme loi fon-
» damentale, que la Nobleffe héréditaire
» fera rappelée à fon ancien état, qu'elle
» ne donnera aucune prérogative légale,
» aucune exemption d'impôts ou charges
» publiques, aucun droit exclufif à aucune
» place, Eccléfiaftique, Civile ou Militaire;
» le mérite feul fera un titre pour parvenir
» à tous les emplois.

» Que les Officiers de la Marine mar-
» chande entrent fans aucune diftinction de
» nom dans la Marine Royale *(1)*«.

Saint-Quentin.

» Que l'Ordonnance Militaire fuivant
» (laquelle) aucune perfonne du Tiers-Etat
» ne peut être admife au grade d'Officier,
» foit révoquée, attendu que ladite Ordon-
» nance annulle l'Edit de Novembre 1750,
» qui crée la Nobleffe Militaire en faveur
» des Officiers du Tiers-Etat, qui favent re-

---

(1) *Cahier des charges du Peuple de la Sénéchauffée de Rennes.* p. 18. art. 35. p. 22. art. 48. p. 66. art. 198.

» pouffer & vaincre les ennemis de la Patrie,
» avec le même courage que les Nobles, ainfi
» que Louis XV l'a exprimé dans le préam-
» bule de cette loi (1) «.

Troyes.

» Que le Tiers-Etat foit dorénavant ad-
» mis, concurremment avec la Nobleffe, à
» remplir les hautes places, dans le Clergé,
» le Militaire & la Magiftrature (2) «.

Vannes.

» Anéantir pour jamais, par une loi
» folemnelle, toutes les exclufions humi-
» liantes prononcées contre le Tiers-Etat;
» ordonner que tous les Emplois Civils &
» Militaires & Bénéfices Eccléfiaftiques fe-
» ront conférés indifféremment au Roturier
» comme au Noble....
» Dans tous les Parlemens & les Tribu-
» naux d'appel, la moitié des Charges &

____

(1) *Cahier des doléances, plaintes &c., du Bailliage de
St-Quentin, en Vermandois, &c.* p. 9. 10.
(2) *Cahier du Tiers-Etat du Bailliage de Troyes, & des
Bailliages fecondaires.* p. 35. n°. 108.

» Offices fera occupée par des Roturiers (1) «.

Vermandois.

» Que l'Ordonnance de 1781 (1784), qui
» exclud du fervice Militaire, comme Offi-
» cier, tout individu non noble, & qui
» exclud du grade de Capitaine en pied
» tout Officier de fortune, fera révoquée.

» Que le Tiers-Etat ne fera exclu d'aucune
» place & Office, graces, où diftinctions,
» & fpécialement qu'il fera admis dans les
» Cours (2) «.

Vivarais. (haut)

» Que le Tiers-Etat foit admis aux Char-
» ges de Robe & d'Epée, & à tous les em-
» plois quelconques (3) «.

---

(1) *Cahier des plaintes, dolléances & demandes du Tiers-Etat de la Sénéchauffée de* Vannes*, en Bretagne.* p. 6. art. 11. p. 10. art. 36.

(2) *Cahier général des dolléances, plaintes & remontrances du Tiers-Etat du Bailliage de* Vermandois*, compofé du Bailliage principal de* Laon*, & des Bailliages fecondaires de* La Fere, Marle, Chauny, Coucy, Guife *&* Noyon. p. 23. n°. 47. 48.

(3) *Cahier du Tiers-Etat du* Haut-Vivarais. p. 19. n°. 44.

Puisse le vœu formé, annoncé, du Peuple François, pour l'abolition de toutes les distinctions qui tendent à tenir dans l'humiliation, les membres les plus utiles d'une Commune immense, où chacun ne doit avoir de rang que celui que lui assignent ses fonctions; puisse ce vœu frapper le cœur du Roi juste, père de ses sujets, que le ciel nous a donné, & retentir au loin, dans le monde entier, comme le cri de la liberté qui ne reclame que la justice!

Où l'esclave commence, l'homme finit.

A Paris, le 15 Mai 1789.

Supplément aux §§. *XXX & XXXII.*

NOBLESSE.

Paris. (*Prévôté & Vicomté de*)

» LA Noblesse demande.... qu'il soit fait
» une loi pour déterminer les espèces de
» professions & de commerces qui n'empor-
» teront pas la dérogeance, & que le droit
» de franc-fief soit supprimé (1) «.

Il n'y a qu'une profession criminelle qui puisse emporter la dérogeance. Toutes les autres, quelles qu'elles soient, sont nécessaires, au moins utiles à l'Etat ; comment peuvent-elles déshonorer, déroger ! cependant la traite des Nègres, médiate ou immediate, si elle subsiste toujours à la honte des Nations, seroit un commerce à flétrir nommément par la dérogeance.

Paris. (*Ville de*)

» Qu'aucun emploi, qu'aucune profession

---

(1) *Cahier de la Noblesse de la Prévôté & Vicomté de* Paris, *hors des murs ; contenant les pouvoirs qu'elle confie à ses Députés aux Etats-Généraux.* p. 10. art. 15.

» n'emporte la dérogeance, fauf les excep-
» tions que pourront faire les Etats-Géné-
» raux (1) «.

Cette déclaration franche & abfolue
(*aucun*, *aucune*) fait honneur aux Nobles
de Paris : & on aime à lire dans leur lifte
le nom du Premier Prince du Sang.

» Que toute diftinction qui pourroit don-
» ner à quelques familles des droits ou un
» rang que n'auroit pas la Nobleffe Fran-
» çoife, foit anéantie, les Citoyens nobles
» de la Ville de Paris ne reconnoiffant à
» aucune famille le droit de Prince étran-
» ger (2) «.

L'envie de dominer fera donc éternellement la paffion de l'homme! haut & bas
Tiers ; haut & bas Clergé ; haute & baffe
Nobleffe ; Prince au-deffus de la haute Nobleffe : & toujours fans mérite réfultant
d'actions utiles, de fervices éminens rendus
à l'Etat. On riroit volontiers de cette coquet-

------

(1) *Cahier des Citoyens Nobles de la ville de* Paris, *remis
à MM. le Comte de* Clermont-Tonnere, *Duc de la* Roche-
foucauld, *Comte do* Lally-Tolendal, *Comte de* Roche-
chouart, *Comte de* Lufignhem, Dionis du Séjour, Duc
d'Orléans, du Port, de St-Fargeau, *P. Préfident de* Ni-
colaï. p. 18.
(2) *Id.* p. 17.

terie

terie de grandeur, fi elle ne caufoit pas du trouble dans la Société. Les Nobles de Paris ont raifon. Les degrés, en France, font le Roi & la Famille Royale, les Princes du Sang, & la Nobleffe fans intermédiaires, c'eft-à-dire, fans aucun Ordre entr'elle & ces Princes.

TIERS-ÉTAT.

Paris. (*Prévôté & Vicomté de*)

» L'UNIFORMITÉ des peines pour les Ci-
» toyens de tous les Ordres, leur admiffion
» égale aux Charges, Offices & dignités,
» la non-dérogeance du commerce & des
» arts méchaniques, & la fuppreffion de
» toutes fervitudes perfonnelles.

» Que tout Citoyen, de quelqu'Ordre &
» claffe qu'il foit, peut exercer librement
» telle profeffion, art, métier & commerce
» qu'il jugera à propos (1) «.

Voilà qui eft trop court, pour des perfonnes qui peuvent avoir les lumières de
la capitale. Il falloit, au moins, comme

____

(1) *Cahier des demandes & inftructions du Tiers-Etat de la* Prévôté & Vicomté de Paris, *hors les murs.* p. 7. art. 5. p. & art. 12.

R.

(258)

plusieurs Bailliages de Province, motiver
les demandes, & montrer avec énergie l'in-
justice des exclusions données au Tiers-Etat,
de la dérogeance attribuée à des professions honnêtes, utiles, nécessaires, & de
la distinction dans la manière de punir les
crimes, tendant toujours à rendre infa-
mante la condition du Roturier.

Paris. (*Ville de*)

» Tout Citoyen a le droit d'être admis
» à tous les emplois, professions & digni-
» tés.

» Les Nobles pourront, sans dérogeance,
» faire le commerce & embrasser toutes pro-
» fessions utiles.

» Il n'y aura plus aucun ennoblissement,
» soit par charge, soit autrement.

» Il sera établi par les Etats-Généraux une
» récompense honorable & civique, pure-
» ment personnelle & non héréditaire, la-
» quelle, sur leur présentation, sera déférée,
» sans distinction, par le Roi aux Citoyens
» de toutes les classes qui l'auront méritée
» par l'éminence de leurs vertus patrioti-
» ques, & par l'importance de leurs ser-
» vices (1) «.

____

(1) *Cahier du Tiers-Etat de la ville de* Paris. p. 6. 11.

Ailleurs: » toute efpèce de commerce fera
» interdit aux Communautés Religieufes.

» Ne pourront lefdits Eccléfiaftiques s'oc-
» cuper d'emplois ou trafics peu convena-
» bles à leur état (1) «.

C'eft l'incompatibilité morale ou phyfique
des Profeffions, qui eft ici la caufe de l'interdiction prononcée contre le commerce, &
non la prétendue dérogeance, profcrite for-
mellement par MM. du Tiers-Etat.

Supplément au §. XXXI.

CLERGÉ.

Paris. (Prévôté & Vicomté de)

» QUE les Envoyés de la Colonie de Saint-
» Domingue foient entendus, & qu'il leur
» foit permis d'expofer les raifons fur lef-
» quelles ladite Colonie fe fonde pour récla-
» mer le droit de députer aux Etats-Géné-
» raux (2) «.

Le Clergé de la Ville de Paris fait la mê-

______

(1) *Id.* p. 31. art. 14. p. 43. art. 16.

(2) *Procès-verbal, noms des Electeurs & Cahier des doléances de l'Affemblée du Clergé de la Prévôté & Vicomté
hors les murs de Paris.* p. 111. art. 18.

—me demande en ces termes : » Que la Co-
» lonie de Saint - Domingue foit admife ,
» appelée même aux prochains Etats-
» Généraux , à l'effet d'y difcuter le droit
» qu'elle réclame d'y avoir des Repréfen-
» tans , chargés de défendre fes intérêts (1) «.

Les intérêts de Saint - Domingue font
l'adminiftration de la Colonie , & fon commerce. Ce fecond objet eft intimement lié
au premier : & les renfeignemens donnés
par des Députés venus de l'endroit même ,
font autrement inftructifs , que les fimples
rapports des Bureaux de l'Adminiftration.

Plufieurs Bailliages ont préfenté le même
vœu en faveur de Saint-Domingue. Il doit
auffi s'étendre à la Martinique &c., à l'Ifle-
de-France , & aux établiffemens de l'Inde ,
fi les Etats-Généraux font à époques fixes.

Le défaut des Métropoles eft de traiter
trop fouvent en marâtres , leurs enfans éloignés de la maifon paternelle. Tout François
en Europe , en Afie , en Amérique , en Afrique eft François , contribuant au foutien
de la mère Patrie , en recevant l'influence ,
& doit par conféquent avoir part à l'Ad-

---

(1) *Cahier de doléances & remontrances du Clergé de Paris
intra muros.* p. 21. n°. 3.

miniſtration , quand la Nation eſt convoquée. La sève qui de ces branches ſe porte
toujours au corps de l'arbre (le Peuple François) , ne doit pas être négligée : & c'eſt
l'arrêter, c'eſt les traiter en branches mortes ,
que de ne pas les admettre à l'action qui
peut donner une nouvelle vie à l'enſemble
dont elles font partie (1) «.

Paris. (*Ville de*)

» QUE l'on examine ſévèrement cet éta-
» bliſſement inconnu à nos pères, qui, ſous
» le nom ſpécieux de *Mont-de-Piété* , vend
» chèrement au malheureux honnête un
» argent qu'il finit par payer de toute ſa

---

(1) Voyez ſur cet objet les pièces ſuivantes : *Mémoire
ſur l'importance pour la Colonie de St-Domingue , d'avoir des
Repréſentans à l'Aſſemblée des Etats-Généraux , & ſur la
forme la plus légale de procéder à l'élection de ſes Députés.
Du 28 Septembre 1788.—Premier Recueil de Pièces intéreſ-
ſantes remiſés par les Commiſſaires de la Colonie de Saint-
Domingue à MM. les Notables, le 6 Novembre. 1788.—
Lettre bien importante de la Chambre d'Agriculture de Saint-
Domingue , adreſſée aux Membres du Comité Colonial ſéant
à Paris. Du 10 Décembre 1788.—Extrait du Regiſtre des
Délibérations du Comité Colonial de St-Domingue , ſéant à
Paris. Du 27 Janvier 1789.—Réclamations pour les Colonies
des Antilles , adreſſées au Roi & à la Nation (Avril 1789).*

(262)

» ſubſtance , & qui préſente à l'infidélité
» un moyen ſûr de cacher ſes rapines, &
» d'en recueillir les fruits (1) «.

Cet article fait honneur au Clergé de Paris.
L'inconduite , dans toutes les profeſſions,
marche tête levée, quand elle eſt certaine,
de trouver de l'argent ſur des meubles quelconques , & qu'elle peut honnêtement recourir à des moyens, que la honte auparavant l'empêchoit d'employer. Le *Mont-
de-Piété*, qui, à Paris, ſans ſupporter aucune
charge comme marchand, tient en quelque
façon, boutique ouverte toute l'année,
n'eſt point un établiſſement François : il ruine
le commerce, la probité, les mœurs; ſi on
lui laiſſe continuer ſes Bâtimens ſomptueux,
remplir ſes magaſins immenſes, il envahi-
ra, il engloutira bientôt tout Paris.

NOBLESSE.

Paris. (*Prévôté & Vicomté de*)

» Leur attention (celle des Députés) ſe
» portera ſur le Commerce, les Arts, les

---

(1) *Cahier de doléances & remontrances du Clergé de Paris,
intra muros.* p. 13. 14. n°. 25.

» Manufactures ; & principalement fur l'A-
» griculture, pour en favorifer l'accroiffe-
» ment; & fur les Canaux navigables (1), pour
» en procurer la multiplication ; mais ils de-
» manderont la fuppreffion abfolue du pro-
» jet actuel de l'Yvette (2) «.

Avant ce goût effréné pour le papier,
qui domine en France, des entreprifes comme celle de l'Yvette, avoient pour but les
trois premiers objets recommandés aux
Députés de la Nobleffe : ou bien c'étoit la
fanté, la falubrité de l'air, les principaux befoins d'un canton. Aujourd'hui, que tout
eft devenu affaire d'argent, comment diftinguer, dans la multitude des projétiftes,
le Citoyen du fimple Financier ? La demande
de la Nobleffe eft conforme au vœu du

____

(1) Voyez le *Tableau de la communication intérieure du
Royaume de France, entreprife fous le règne de Louis XVI.*
Dans les *Obfervations* (vraiment patriotiques) *faites de
mémoire* (fur les Canaux navigables à former en Bretagne,
pour unir Nantes, Rédon, Rennes, &c. à St-Malo) *par
M. de Rofnyvinen de Piré, le fils, Membre de l'Ordre de la
Nobleffe, à la féance des Etats, le* 22 *Décembre* 1784.
Rennes, *in-fol.* p. 1. & 25—28.

(2) *Cahier de la Nobleffe de la Prévôté & Vicomté de
Paris, hors des murs ; contenant les pouvoirs qu'elle confie à
fes Députés aux Etats-Généraux,* p. 13. 14. art. 27.

Tiers-Etat de la banlieue, exprimé dans son
Cahier, pages 66, 67, & à celui du Tiers-
Etat de la Ville, dont voici les termes :
» Que l'on pese avec le plus grand soin les
» intérêts & les droits des habitans du Faux-
» bourg Saint-Marcel, relativement au pro-
» jet de détourner la rivière de Bièvre, pour
» la réunir à l'Yvette (1) «.

Paris. (*Ville de*)

» QUE l'Agriculture & le Commerce soient
» libres ; que l'on supprime toute entrave
» mise à l'industrie & au libre exercice que
» tout homme doit avoir de ses facultés «.

» Qu'on s'occupe des moyens de parvenir
» à l'uniformité de poids & de mesure.

» Que les Colonies Françoises soient ré-
» putées désormais Provinces de France,
» souftraites au pouvoir arbitraire du Dépar-
» tement de la Marine, assimilées aux autres
» Provinces, & participantes comme elles à
» tous les avantages qu'elles doivent attendre
» des loix constitutionnelles.

» Que ces nouvelles Provinces soient con-
» venablement représentées aux États-Géné-
» raux.

______

(1) *Cahier du Tiers-Etat de la ville de* Paris. p. 63. art. 15.

» Que quand leurs Députés y feront admis,
» & non avant, les Etats-Généraux s'occu-
» pent d'améliorer le fort des Noirs (1) «.

En général, la liberté eft la vie du Commerce, de l'Agriculture, de l'Induftrie : &
la réclamation pour l'uniformité de poids &
de mefure dans le Royaume, eft la même
dans la totalité des Cahiers. Arrêtons-nous
un moment fur l'article des Colonies.

On a vu des établiffemens floriffants périr
par la tyrannie d'un Gouverneur, foutenu
par le premier Commis du Miniftre de la
Marine. Une Adminiftration qui demande
plufieurs genres de connoiffances difparates,
celles du Droit, de la Police, du Commerce,
de la Marine, du Militaire, de l'état politique
des Colonies étrangères, voifines ou éloi-
gnées, des pays où elles font fituées : des
objets de cette importance font réglés par la
volonté d'une ou de deux perfonnes. Sans
entrer dans de plus grands détails, la demande
des Nobles de Paris paroît conforme au droit
de l'homme, du François, & propre à foulager le Miniftre bien intentionné, dont
l'œil attentif, quelqu'éclairé qu'il foit, ne

____

(1) *Cahier des Citoyens Nobles de la ville de* Paris, &c.
p. 22. 29.

peut furveiller tous les agens qu'il eſt obligé d'employer.

Mais que ſignifie la dernière phraſe : *Quand leurs Députés, &c.* ? Le ſort des Noirs dans nos Colonies d'Amérique eſt connu : ils ſont traités plus durement que les bêtes de ſomme : j'ai vu la même choſe à l'Iſle Bourbon. Ainſi, pour cet objet, le témoignage des Colons n'eſt pas néceſſaire. On citera un maître plus humain : c'eſt une exception à l'univerſalité. Dire qu'il faut attendre les Députés avant que de s'occuper des moyens d'améliorer le ſort des Noirs, c'eſt laiſſer brûler la maiſon, en attendant le maître qui en a la clef. Nulle raiſon de retarder le remède, quand le mal eſt preſſant & manifeſte.

Si l'on entend par le ſort des Noirs, la Traite, le Commerce des Noirs, à quoi ſervira la préſence des Députés des Colonies? Propriétaires de riches habitations, 1°. ils tâcheront de prouver que l'exploitation en eſt impoſſible ſans eſclaves d'Afrique : 2°. ils reclameront les droits de la propriété, ſi on veut qu'ils leur donnent la liberté.

Je réponds d'abord que des Colonies, qui ne pourroient ſe ſoutenir que par un crime de leze-humanité, devroient être abandonnées : & la traite des Nègres en eſt un au premier chef. En second lieu, ce que l'on avance au sujet de l'exploitation des terres, du travail des habitations, n'est pas exact. J'ai vu les Noirs de l'Inde ; depuis 7 degrés nord jusqu'à 19 & 20, labourer la terre librement, comme journaliers, à tant par jour ; je les ai vus porter les fardeaux les plus lourds, livrés aux travaux les plus pénibles dans des pays secs, brûlés, dans d'autres couverts d'eaux. Les habitans actuels de l'Amérique, Isles & Continens, font aussi forts que ceux de l'Inde, ou du moins ils le feront, quand on leur donnera la nourriture qui leur est nécessaire : les esclaves, affranchis, formeront de même une génération propre à la culture, aux Manufactures. Ce n'est pas le travail qui rebute l'homme ; ce font les mauvais traitemens, & le manque d'aliment, tandis qu'il voit fon femblable regorger de nourriture fans rien faire. Au reste les Règlemens, quelque favorables qu'ils puiffent être aux Noirs des Colonies, n'amélioreront pas leur fort : parce que, tant qu'ils feront efclaves, le propriétaire, loin des yeux du Légiflateur, aura toujours mille moyens de les enfreindre, de les éluder. Ceux qui, comme moi, ont vu les Européens, ou leurs defcendans, de toutes les Nations, à plusieurs milliers de lieues de leur pays, conviendront de la vérité de ce que j'avance. Aussi, le Clergé de Paris auroit-il dû s'en tenir à sa demande. » Que » la traite des Nègres soit elle-même tota- » lement supprimée, s'il est possible «. L'al- ternative qu'il propose : » ou que du moins » on assure par de bonnes loix, à tous les » Noirs de nos Colonies, un traitement » doux & modéré & tous les secours de la » Religion & de l'humanité (1) «. Cette alternative ne feroit qu'un palliatif, de peu de durée, & qui, par le droit de plainte, accordé à l'esclave, aigrissant le maître, rendroit le sort du premier encore plus accablant.

La deuxième réponse des Colons, comme je l'ai déja dit, est celle que faisoient les Hu- rons, les Iroquois, les Algonquins, quand les Européens vouloient les empêcher de man- ger leurs prisonniers. Leurs pères, disoient- ils, ont mangé les nôtres, leurs enfans nous mangeront. Vous ne pouvez nous enlever ces hommes : c'est notre propriété.

Aussi, malgré les pétitions réitérées des

____

(3) *Cahier de doléances & remontrances du Clergé de Paris, ntra muros.* p. 21. n°. 5.

Planteurs des Antilles , la Chambre des
Communes , en Angleterre, qui fait ce que
c'eft qu'un homme, s'occupe-t-elle toujours
des moyens d'abolir la Traite des Nègres (1).

TIERS-ETAT.

Paris. (*Prévôté Vicomté de*)

» L'exportation des matières premières,
» nécelfaires à nos Manufactures, fera défen-
» due, finon après qu'elles auront été mifes
» en œuvre.

» Les Traités de Commerce avec les Puif-
» fances étrangères feront examinés par les
» Etats-Généraux , & l'on renoncera à ceux
» qui pourroient nous être onéreux «.

» *Demande particulière du Propriétaire de la*
» *Manufacture des Cuivres, au Village de Ville-*
» *Labbe.*

» L'INDRODUCTION , dans le Royaume,
» des cuivres en rofettes & en plaieaux ve-
» nant de l'Angleterre, la Suède, la Hon-
» grie, & de tous les pays étrangers, attendu

____

(1) *Courier de l'Eur.* 22. Mai 1789. *Gaz. de Fr.* 26. Mai
1789. *Merc. de Fr.* 30 Mai 1789.

» que les Mines qui exiſtent en France ne
» ſont pas aſſez abondantes pour fournir
» & entretenir les Fabriques qui y ſont éta-
» blies.

» La prohibition des cuivres fabriqués
» dans les pays ci-deſſus mentionnés, ou
» du moins l'impoſition d'un droit tendant
» à la prohibition (1) «.

Un Royaume qui a autant ou plus d'induſtrie, de bras, que de matières premières, doit chercher à s'aſſurer double gain,
en n'exportant ces matières que miſes en
œuvre ; & attirant celles de l'étranger non
fabriquées, ou hors d'état, par le droit
dont elles ſeront chargées, de nuire aux
Fabriques Nationales.

L'article des Traités de Commerce eſt
trop vague. On veut ſans doute parler de
celui de 1786 avec l'Angleterre. Il falloit
le nommer & en montrer fortement l'illu-
ſoire, les ſuites funeſtes pour la Nation.

Au reſte la lecture des demandes faites
par les Villes, Villages, &c. de la Vicomté

---

(1) *Cahier des demandes & inſtructions du Tiers-État de
la Prévôté & Vicomté de Paris, hors les murs.* p. 43. 44.
art. 78. p. 152.

de Paris, confirme ce que j'ai dit à l'occafion de la Jétée de la Barre de Saint-Jean-
de-Luz. Jamais, fans un évènement tel que
la Convocation des Etats - Généraux, les
vexations, les charges de la part du Fifc,
des Seigneurs, de fimples particuliers en
crédit (& encore tout n'eft-il pas dans les
Cahiers); jamais le délabrement des ponts,
des chemins, &c. malgré les fommes énormes confacrées à ces objets; enfin, jamais
l'oppreffion conftante des foibles Communes
n'auroit été mife au grand jour, n'auroit
percé jufqu'au Trône : trop de perfonnes
avoient intérêt à étouffer la voix plaintive,
prefqu'éteinte du malheureux expirant.

On croiroit, par exemple, qu'employant
les revenus de l'Etat à des travaux vraiment
utiles, l'Adminiftration a foin en même-
temps de remédier aux inconvéniens qui
peuvent en être les fuites. Et les Villages
de *Villers-la-Garenne & Neuilly* font obligés
de demander » qu'il foit avifé à un moyen
» d'ôter la ftagnation des eaux de la Seine,
» occafionnée par la conftruction nouvelle
» du Pont de Neuilly : ces eaux croupif-
» fantes occafionnent des maladies conti-
» nuelles, en répandant dans l'air une putri-
» dité, de laquelle on pourroit fe garantir

» en leur donnant un écoulement (1)«.

On ne s'attendroit pas non plus à voir la Ville de *Corbeil* s'exprimer ainsi : » Les ha-
» bitans.... demandent..... la suppreffion
» des magafins connus fous la dénomintion
» de magafins du Roi. Les habitans des
» Campagnes & des Villes croient avoir
» acquis la trifte expérience des défordres
» & des maux, que les Compagnies ont
» caufés par leurs fpéculations intéreffées,
» & leurs fauffes prévoyances (2)«.

Voilà qui eft bien doux, *fpéculations intéreffées, fauffes prévoyances;* nommons les chofes ce qu'elles font : *fpéculations fanguinaires,
barbares prévoyances.*

Paris. (*Ville de*)

» Nos Repréfentans appuieront la demande
» de la Colonie de Saint-Domingue, d'être
» admife aux Etats Généraux; ils demande-
» ront que les Députés des autres Colonies
» foient également admis, comme étant
» compofées de nos frères, & comme de-
» vant participer à tous les avantages de la
» conftitution Françoife (3)«.

____

(1) *Id* p. 153.
(2) *Id.* p. 90.
(3) *Cahier du Tiers-Etat de la ville de Paris.* p. 8.

Le

Le droit des Colonies eſt certain : mais
la France, la Mère-patrie a une raiſon de
plus pour les appeler ; celle de voir diſcuter
par les perſonnes du lieu même , tout ce
qui a rapport au ſol , à l'Adminiſtration ,
& au Commerce de nos Iſles.

» Les Etats-Généraux prendront en con-
» ſidération le deſſèchement des marais (1)«.

Tout ſe tient dans l'Adminiſtration d'un
grand Etat. Vous demandez de nouveaux
ſubſides : mais travaillez donc à augmenter
les facultés du contribuable ; & c'eſt ce que
produira le deſſèchement des marais.

» Le Code des Eaux & Forêts ſera revu
» & réformé , & entr'autres objets ſur la
» défènſe de faire écorce : défenſe qui in-
» téreſſe ſi eſſentiellement le commerce im-
» portant de la Tannerie.

» L'impôt appelé *Droit de Marque* ſur les
» Cuirs, en détruiſant en France les Tan-
» neries & le commerce des Cuirs, nous force
» d'en tirer de l'étranger ; il eſt néceſſaire
» de ſupprimer cet impôt, ainſi que celui
» de la Marque ſur les Fers (2) «.

Le ſuicide n'eſt donc plus un crime ,

____

(1) *Id.* p. 21. art. 4.
(2) *Id.* p. 24. art. 17. p. 30. art. 12.

S

quand c'eſt un peuple qui le conſomme ſur lui-même ! Non-ſeulement les Tanneries manquent ; mais les Cuirs Anglois façonnés ſont en France à plus bas prix, par la réduction des droits d'entrée, que ceux de Fabrique Nationale. Quelle politique !

» Le Commerce n'a plus beſoin d'éloges ; » ſes avantages ſont connus & il fait au- » jourd'hui un des objets les plus eſſentiels » de la politique des Etats ; il ne demande » donc que liberté & ſecours (1) «.

Ne nous flattons pas. Le Commerce eſt loué dans les livres : l'état actuel de la France prouve que les Grands, les gens en place n'en ont pas une idée, qui réponde à ſon importance. La Banque, les Papiers ont tout invahi ; ils ſont prêts à tout engloutir.

» Les différens Traités de Commerce faits » entre la France & les Puiſſances étrangè- » res, ſeront examinés par les Etats Géné- » raux, pour en connoître & balancer les » réſultats relativement à la France : & il » ne pourra en être conclu aucun, à l'ave- » nir, ſans que le projet en ait été com- » muniqué à toutes les Chambres de Com-

____

(1) *Id.* p. 27.

(275)

» merce du Royaume , & aux Etats-Géné-
» raux (1) «.

MM. du Tiers de Paris ne nomment point
le Traité de 1786 : la Ville, la France entière les auroit vus, avec satisfaction, employer leurs lumières à en montrer l'injuftice & les suites funestes; le caractère patriotique qui les distingue , à prouver la nécessité instante de le casser.

» Il sera établi dans les principales Villes
» une Chambre de Commerce , composée
» de vingt Négocians, Marchands , Fabri-
» cans, Artistes-Méchaniciens , Artisans des
» plus recommandables ; au Secrétariat de
» laquelle seront déposés toutes les Loix,
» Règlemens , Statuts & Tarifs de France
» & de l'étranger, concernant le Commerce ,
» ou qui pourront l'intéresser (2) «.

Il faut ajouter à cet établissement une
Bibliothèque & une Ecole de Commerce :
les idées que j'ai proposées pour l'Inde (3)
pourroient s'appliquer en général au Commerce interne & externe du Royaume.

____

(1) *Ibid.* art. 1.
(2) *Id.* p. 27. 28. art. 2.
(3) *Plan d'administration &c.*, *dans la Defcript. hift. &c.*
de l'Inde T. III. première Partie.

» On affranchira les marchandifes natio-
» nales , exportées à l'étranger, de tout droit
» de fortie , & on affujétira les marchan-
» difes provenant des Fabriques étrangères ,
» à un droit d'entrée dans le Royaume , re-
» latif à leur nature & à leur valeur «.

En note. » Si le Roi & fon augufte Com-
» pagne ne faifoient ufage que des étoffes de
» nos Manufactures, leur exemple feroit
» bientôt fuivi par la Nation , & rendroit
» à nos Fabriques languiffantes toute leur
» activité.

Suite du texte. » On défendra la fortie hors
» le Royaume, des matières premières pro-
» pres à nos Manufactures ; & on exemptera
» de droits les matières premières propres à
» nos Manufactures, venant de l'étranger.

» On demandera qu'il foit accordé des
» primes aux marchandifes de nos Fabriques
» qui feront exportées chez l'étranger.

» On propofera aux Etats-Généraux, de
» déterminer s'il convient , pour le plus
» grand avantage du Commerce, de fe con-
» former rigoureufement aux Règlemens
» faits pour les Manufactures, ou d'en mo-
» difier les difpofitions , ou enfin d'accorder
» aux Fabricans une liberté indéfinie.

» Et dans le cas où cette liberté ne feroit

» pas accordée, les Infpecteurs & Sous-Inf-
» pecteurs des Manufactures feront choifis
» par les Chambres de Commerce, à la plu-
» ralité des voix ; & ils feront tenus d'y faire
» le rapport de leurs vifites toutes les fois
» qu'ils en feront requis.

» Les Apprentiffages feront rétablis,
» comme le feul moyen de fournir au Com-
» merce des fujets doués des connoiffances
» qu'il exige.

» On demandera la fuppreffion de l'im-
» pôt fur le papier, comme très-préjudicia-
» ble au Commerce de Librairie du Royau-
» me, & provoquant la contre-façon chez
» l'étranger.

» Les Adminiftrations Provinciales, & par-
» ticuliérement l'Adminiftration de Paris,
» examineront avec attention s'il convient
» de maintenir ou fupprimer les Corpora-
» tions & Jurandes. (1) «.

Les quatre premiers articles remédieroient
peut-être au mal que nous a fait le Traité
de Commerce avec l'Angleterre : une rupture pure & fimple, à quelque chofe de
plus franc, de plus loyal : le befoin la com-
mande ; les momens coûtent des millions.

____

(1) *Id.* p. 28. 29. art. 3. 4. 6. 8. 9. p. 32. art. 20. 21.
p. 62. art. 12.

Ce qui regarde les Règlemens pour les Manufactures, est une affaire de police, qui peut varier, selon les circonstances. Mais en général la *liberté indéfinie*, dans un Royaume de 24 millions d'ames, où par conséquent la surveillance a peine à comprendre la totalité des habitans, sera toujours un mal, si elle est accordée d'une manière absolue. Malheureusement la licence côtoie par-tout la liberté : mais on appelle maintenant la règle, esclavage ; on prétend savoir, sans avoir appris.

MM. du Tiers de Paris voient la nécessité de rétablir les Apprentissages, de mieux choisir les Inspecteurs du Commerce, au moins de réformer les Corporations. Le Commerce est donc, en France, qui le croiroit ! une machine à remonter, commençant par les premiers ressorts.

» Si les Etats-Généraux croient devoir lais-
» ser subsister le *Mont-de-Pieté*, dont les avan-
» tages sembleroient devoir répondre à son
» titre, il est au moins très important d'em-
» ployer des moyens capables de détruire les
» abus qui en sont résultés (1) «.

Ces abus tiennent à la nature de l'Éta-

____

(1) *Id.* p. 38. art. 21.

bliſſement : le Clergé de Paris les a déve-
loppés. Ce reſte de pudeur , qui empêche
de guérir un mal honteux, en coupant dans
le vif , parce qu'on craint de le montrer ,
conduit l'homme au tombeau.

» Les Etats-Généraux prendront en conſi-
» dération le ſort des eſclaves noirs , ou
» hommes de couleur , tant dans les Colo-
» nies qu'en France (1) «.

Il étoit digne de MM. du Tiers de Paris
de proſcrire hautement la traite des Nègres,
& d'en demander poſitivement l'abolition
aux Etats-Généraux. Ce qui touche au droit
de l'homme ne ſouffre pas de ménage-
ment : *prendront en conſidération :* voilà qui eſt
bien modéré, bien froid.

De même , pourquoi ne pas s'exprimer
clairement ſur la ſignature du *Formulaire*
d'Alexandre VII, en 1665 , & de la Conſti-
tution *Unigenitus* de Clément XI, en 1713?
Cet article : » Pour rendre libre l'entrée dans
» le Miniſtère Eccléſiaſtique & dans les
» Univerſités, toute adhéſion à des formules
» introduites depuis l'Ordonnance d'Orléans
» (en 1560) , ſera ſupprimée (2) « : on ſent

____

(1) *Id.* p. 58. n°. 17.
(2) *Id.* p. 42, art. 11.

que cet article est dirigé contre ces deux
chaînes qui, successivement, depuis plus de
120 ans, tenant garrottés, les esprits, les
consciences, ont laissé l'ennemi de tout bien
détruire la Religion, les mœurs, saper les
fondemens de toutes les connoissances. Dans
des matières de cette importance, une attaque masquée ne suffit pas : il faut parler ou-
vertement ; il faut tout dire, ou ne pas s'en
mêler. Ce nouvel esclavage des blancs, doit
être dénoncé nommément à la Nation,
comme celui des Noirs. Les Citoyens Nobles
de Paris, plus courageux, demandent clairement : » Que (les Etats-Généraux) abolissent
» entièrement la signature du formulaire,
» qui a produit près de cent mille Lettres
» de cachet (1) ". La réclamation du Tiers-
Etat de la ville d'Auxerre n'est pas moins
formelle. » Que le formulaire d'Alexandre
» VII, disent ces Citoyens éclairés, soit
» abrogé, comme ayant été enregistré sans
» le consentement libre des Magistrats & de
» la Nation, comme rendant suspecte la
» foi des Prêtres, qui répugnent d'attester un
» fait douteux sous la religion du serment,
» comme propre à éloigner de l'état Ecclé-

____

(1) *Cahier des Citoyens Nobles de la ville de Paris*, p. 19.

» fiaftique des fujets qui pourroient s'y rendre
» utiles ; enfin, comme contraire à la loi du
» Silence de 1754, & à l'Arrêt du Confeil de
» 1784, qui la renouvelle avec énergie (1) «.

Ce dernier article fait voir que les bons
principes fe confervent long-temps. Auxerre
n'a pas oublié les inftructions folides & lu-
mineufes que lui donnoit, il y a plus de 30
ans, un Prélat illuftre (M. de Caylus), fe-
condé du Clergé refpectable qu'il avoit lui-
même formé de fes mains.

Pour connoître exactement le moral & le
phyfique du Peuple François, il faut confulter les Cahiers de Bailliages, même de
fimples Villages (2), imprimés à l'occafion
des Etats-Généraux.

*Le Cahier des doléances, remontrances, inftruc-
tions & demandes de l'Affemblée du Tiers-Etat de
la Paroiffe de St-Vaaft, Bailliage de Pont-l'Evêque
(en Normandie), nous fait connoître jufqu'où
la Gabelle prétend étendre fes droits.* Ce Tiers-

---

(1) *Cahier des pétitions du Tiers - Etat du Bailliage
d'Auxerre* &c. p. 26. 27. art. 11.

(2) Le Cahier de *Chévannes*, village du Bailliage de
Nemours, prefente avec netteté, & d'une manière tou-
chante, toutes les vexations fifcales fous lefquelles gémif-
fent les Habitans de la campagne.

Etat demande (p. 17. 18. n°. 7.) » la liberté
» à tous les riverains de la mer, d'y pêcher,
» d'y puiſer de l'eau, & d'en faire tel uſage
» qu'ils jugeront à propos ; la prohibition de
» prendre de l'eau de mer étant ſi oppoſée
» au droit naturel des gens & des Nations
» les moins policées, que pour croire qu'elle
» exiſte en France, il faut l'y avoir vu main-
» tenir ſous les yeux par les agens du Fiſc,
» qui de plus maltraitent les malheureux
» contrevenans avec une dureté qui navre le
» cœur de l'homme le plus inſenſible, &
» révolte l'humanité «.

Dans le *Cahier du Village de Villiers-le-Bel,*
remis à MM. Louis Paſcal le Tellier, Procureur-
Fiſcal ; Pierre-Victor-Auguſte Morillon, Négociant ;
Pierre Gouffé, Marchand Fruitier ; Nicolas-François
Gouffé, Cultivateur : pour être préſenté à l'Aſſem-
blée générale de la Prévôté & Vicomté de Paris, le
18 *Avril* 1789. *p.* 17 *n°.* 13. On lit ces mots :
» L'extinction de tous les Priviléges générale-
» ment quelconques. *Nota.* Les Etats-Géné-
» raux feront une attention férieuſe au ré-
» gime barbare des Meſſageries, particuliè-
» rement à celles des environs de Paris, qui
» ont la cruauté d'empêcher les habitans des
» campagnes de monter dans les charettes
» qu'ils trouvent vuides ſur les routes «.

Le Cahier des *doléances de la Paroiffe d'Aubervilliers, dit Not e - Dame des Vertus*, offre
(p. 4—7.) un trait, qui montre bien le génie
extendeur de la Finance. » Les Paroiffes de la
» Banlieue (de Paris), du nombre defquelles
» eft Aubervilliers, font tenues, d'ancienneté,
» à venir prendre les boues (de la Capitale,
» jetées) dans des cloaques (à l'extrémité
» des fauxbourgs), & à les répandre fur
» leurs terres. Cette charge leur a paru
» lourde de tout temps (à caufe des maladies
» d'hommes & de chevaux qu'elle occa-
» fionne)....... Ils font, fur leurs terres, des
» tas de ces boues, qui, après avoir repofé
» & fermenté quelque temps, deviennent un
» bon engrais.

» Cet avantage ne méritoit d'être confidéré
» que comme une compenfation de leur
» travail, de leurs rifques & de ceux de leurs
» chevaux. Mais la Finance, toujours active,
» & fouvent cruelle dans fes fpéculations,
» a médité & entrepris, depuis quelques
» années, d'en faire la bafe d'un impôt fi
» exceffif, qu'il égale à lui feul la taille, le
» gros & les acceffoires y joints : impôt qui,
» nous le difons hardiment (ce font les ha-
» bitans de l'endroit qui parlent), entraî-
» nera, s'il continue, la ruine d'Aubervilliers,

» & la cessation de toute culture sur son
» terroir.

» En effet, cet impôt est par voiture de
» boue, à raison de huit sols par cheval,
» ce qui fait une livre quatre sols par voi-
» ture, ordinairement attelée de trois che-
» vaux. Or, il faut vingt voitures de boue,
» attelées de trois chevaux, pour fumer un
» arpent de terre. Dans les bonnes terres, la
» fumûre ne se renouvelle que tous les
» trois ans ; dans les médiocres & les mau-
» vaises, elle est nécessaire tous les deux ans.
» Vingt voitures, à une livre 4 sols chaque,
» font 24 livres, qui, divisées par trois années,
» donnent 8 livres chaque, & divisées par
» deux seulement, donnent 12 livres : en
» prenant un terme moyen, c'est 10 liv. par
» arpent, qui se trouvent être imposées à la
» Paroisse d'Aubervilliers , sans ordre du
» Souverain, & sans autorité légale. Cette
» nouvelle taxe de 10 liv. égale, à bien peu
» de chose près , celle de la taille, laquelle,
» avec ses accessoires, ne monte guère qu'à
» 11 livres l'arpent. Les deux réunies forment
» 21 livres imposées au malheureux Cultiva-
» teur par chaque arpent qu'il arrose de ses
» sueurs «.

On voit que pour des mains financières,

Il n'y a rien de sale ni d'infect : après les cloaques des boues, ceux des latrines, il ne reste plus à exploiter que les fosses des morts.

On trouve de même, dans différens morceaux faits en Province, par des particuliers, à l'occasion des Etats-Généraux, des traits d'oppression qui révoltent autant le bon sens que l'humanité.

M. *Lair de Vaucelles, Député de la Paroisse de Saulty,* nous apprend, dans sa *Pétition en faveur des Laboureurs Artésiens* (adressée) *aux Députés de la Province d'Artois, à l'Assemblée des trois Ordres, du 20 Avril,* 1789 (p. 7.), que, » tous les outils nécessaires au labourage » ont de tous temps été respectés : il n'y a » qu'en Artois, qu'on ordonne *la saisie des* » *chevaux, de la charrue, l'emprisonnement même* » *du Laboureur,* pour acquitter, à la décharge » du Clergé, de la Noblesse & du Citadin, » les impôts dont le fardeau lui permet à » peine de respirer «.

Ailleurs (p. 6. & note (a)) : » les Ecclé- » siastiques & les Nobles ne payent l'eau-de- » vie, à la cantine, que 40 sols, tandis que » les Roturiers la payent 4 livres «.

Sur les *indemnités* accordées par l'Administration, dans des circonstances malheureuses : » Quelle indemnité, s'écrie M. du

» Vaucelles (p. 14.)! elles suffisent à peine
» pour payer les frais qu'il (le Cultivateur)
» est obligé de faire, pour les obtenir. Té-
» moin un Fermier d'*Achiet-le-Grand*, qui
» avoit fait une perte, il y a environ sept
» ans, estimée à 710 livres, & qui a reçu
» une indemnité de 11 liv. 12 sols 3 deniers.
» Il a peut-être fait dix voyages à Arras pour
» l'obtenir. Il s'est vu forcé de payer lui-
» même 150 livres d'impôt : ses chevaux,
» sa charrue, ont peut-être été saisis, sa
» personne emprisonnée, pour payer cette
» contribution ".

Ainsi, dans un Gouvernement bien ré-
glé, le pauvre, parce qu'il est pauvre, est
dépouillé des moyens de vivre; forcé de
payer son nécessaire, le double du riche;
& pour recevoir de prétendus secours, obligé
de dépenser le montant de ce qu'on daigne
lui accorder!

Pour ce qui regarde les Cahiers de Villages,
ou Bailliages secondaires, il ne faut pas
s'arrêter au nom qu'ils portent. Plusieurs font
de bons traités de Politique, d'Administration. Je citerai, entr'autres, ceux de *Neuilly-
sur-Marne*, *Vernouillet sur-Seine*, *Voisins-le-
Bretonneux*, *Meudon*, & celui du Hameau de
Madon, imprimé à Blois. Il y a plus de sub-

ſtance dans ces ſix Cahiers payſans (ou bourgeois), que dans les ſix, Clergé, Nobleſſe & Tiers, de la Ville & de la Vicomté de Paris, faits avec tant d'appareil.

Comme j'aime ardemment ma Patrie, ma Nation, mon Roi, j'ai lu 184 de ces différens Cahiers. Le vœu unanime de la Nation eſt pour la réforme des Tribunaux, celle des Loix civiles & criminelles, particuliérement de ces dernières, pour l'uniformité des peines, de quelqu'Ordre que ſoit le coupable, pour l'abolition même des derniers veſtiges de la ſervitude perſonnelle ; pour celle du franc-fief, des Capitaineries, des Intendans, de la Gabelle, des Tailles, des Aides, des Loteries, de l'Agiotage, des Emprunts arbitraires, de ces verſemens d'une Caiſſe dans l'autre qui épuiſent toutes les bourſes, tariſſent tous les fonds, ſans donner aux mines le temps de ſe reproduire, ſans leur en fournir le moyen ; pour que le bled ne coûte jamais plus que 18 à 24 livres le ſetier ; & que les objets de finance, tels que la vérification du *Déficit*, de la dette publique, &c. ne ſoient ſoumis à l'examen des Etats-Généraux (leſquels, pendant ou après leur tenue, ne peuvent être repréſentés ni ſuppléés par aucune Commiſſion, par aucun Comité de réduction, ſeul ou con-

jointement avec des Commiſſaires du Conſeil
du Roi (1)), qu'après ce qui regarde l'or-
ganiſation , le retour périodique ·& peu
éloigné de ces Aſſemblées nationales , les
rapports réciproques & légaux du Roi & de
ſes Sujets , la reſponſabilité des Miniſtres ou
Adminiſtrateurs , la sûreté des perſonnes &
des biens des Citoyens. Faſſe le Ciel que le
démon de la diſcorde , pouſſé par l'intérêt
perſonnel, par le deſpotiſme caché, ne rende
pas inutiles les diſpoſitions bienfaiſantes du
meilleur des Rois, les vues ſages du meilleur des Peuples !

Au reſte, ce qu'on pourroit ſtatuer ou
ſimplement déclarer ſur ces derniers objets,
n'eſt pas nouveau. Le droit abſolu qu'ont
les François de ſe taxer eux-mêmes, de faire
ou conſentir les Loix conjointement avec le
Monarque (2), de gouverner avec lui (3),

---

(1) *Etats de Blois* 1576 , *dans le Recueil de Quinet.* 1651.
p. 323. 324. *Journal de Paris*, 30 *Mai* 1789.

(2) Voyez l'Extrait du Traité *de Ordine Palatii*, com-
poſé par *Adelhard*, parent de Charlemagne & Abbé de
Corbie, moæ en 826 : dans la *troiſième Lettre d'Hincmar*,
adreſſée à quelques Evêques de France. *Mayence.* 1602.
p. 25. ch. 12. p. 35—42. ch. 29—37.

(3) *Edit de Charles-le-Chauve , donné à Piſtes*, en 864.
Capit. Reg. Franc. publiés par Baluſe. 1677. T. I. tit. 36.
p. 177. ſuite du ch. 6.

remonte

remonte à l'origine de l'Empire. La tyrannie
a eu ses momens. Mais rien ne préscrit contre
le droit d'une Nation, qui sait allier l'amour
le plus tendre pour ses Rois, la soumission
qu'elle leur doit, avec la conviction intime
& l'exercice de ce qu'elle est.

Amicus Plato, amicus Aristoteles ;
  Magis, amica veritas.

A Paris, le 30 Mai 1789.

F I N.

T

CORRECTIONS ET ADDITIONS.

P**AGE** 8, ligne 17, mettez un point simple après, *espèce*. — p. 14, l. 4., *sauf l'entremise*, lisez : *sans l'entremise*. — p. 21. l. 21. mettez une virgule *avant*, des vaisseaux. — p. 24. l. 10. *negociares*, lisez *negociatores*. — p. 44. l. 23. ôtez la virgule *après* décisions. — p. 49. l. 4. *lisez ;* de la terre pour qu'elle reçoive la femence, qui donne. — p. 51. l. 15. *lisez* ennoblit. — p. 59. dern. lig., *lisez* ennobliffent. — p. 74. avant dern. lig., lisez *impertiens*.

Page 75, ligne 14, *ajoutez* : & dans le bas-Vivarais (2). En note :

(2) » L'état de Notaire exigeant de la part » des Citoyens, la plus grande confiance, » devient par cela même auffi important » qu'honorable........ Il eft effentiel au bon-» heur des peuples, que cet emploi foit ho-» noré ; & la Noblesse demande qu'il foit » même permis à fes Membres de l'exercer, » fans dérogeance, après avoir, dans tous les » cas, foumis les Notaires à l'examen le plus » févère, & en avoir diminué le nombre, » fur-tout dans les Campagnes (1) «.

______

(1) *Cahier des pouvoirs & inftructions de la Noblesse du*

Page 76, ligne 14, *lisez* setier. — p. 80. l. 20.
lisez d'étoffes. — p. 94. note (2). l. 7. *lisez* Fabricans. — p. 95. dern. l. *lisez* Fabricans. —
p. 112. l. 22. mettez une virgule *après* Espagne.
— p. 124. l. 6. *lisez* § XXVII. *Vues Patriotiques* : l. 12. *lisez* devenues. — p. 136. l. 12.
ôtez la virgule *après* domestiques. — p. 151.
note. l. 18. *lisez nommé par* : l. 20. *mettez en caractères ordinaires*, le deuxième Ouvrage est. —
p. 147. l. 6. *lisez* § XXIX. — p. 154. l. 12.
mettez une virgule *après* impôts. — p. 161.
l. 4. *lisez*, ETATS-GÉNÉRAUX DE 1614.
Page 164, dern. lig., *ajoutez* :

Péronne, Montdidier & Roye.

» Nous demandons une loi, en vertu de
» laquelle un Négociant ne déroge point,
» lorsqu'il est Noble (1) «.

---

*bas-Vivarais, à ses Députés aux Etats-Généraux. Remis à
MM. le Comté de Vogué & le Comte d'Antraigues. p. 26.
27. art. 36.*

(1) *Très-humbles & très-respectueuses représentations &
doléances du Clergé séculier & régulier des trois Bailliages
de Péronne, Montdidier & Roye, assemblé à Péronne par
ordre de Sa Majesté, le Lundi, 30 Mars 1789, & jours
suivans, pour procéder à la rédaction de ses Cahiers, & à
l'élection des Députés qui doivent le représenter aux Etats-
Généraux du Royaume, dont l'ouverture doit se faire à
Versailles, le 27 Avril prochain. p. 27.*

T 2

P. 178. l. 5. *ajoutez :*

Vivarais. (*bas*)

« L'Ordre de la Noblesse ayant perdu
» une foule d'emplois qui lui étoient par-
» ticulièrement attribués, & l'honneur d'être
» Noble, étant un malheur de plus pour un
» Noble indigent, l'Ordre demande que la
» loi de Bretagne soit généralement adop-
» tée (1) «.

On voudroit connoître cette *foule d'emplois, attribués particulièrement à la Noblesse, &
qu'elle a perdus.* Au reste, la demande est juste,
quoique faite de mauvaise grace. Mais on
voit, par l'article 19, que MM. les Nobles
du bas-Vivarais ont une dent, ou bien font
simplement prévenus contre ce qu'ils appellent improprement les Communes (2).
Ils veulent dire, le *Tiers-Etat.* La *Commune*
comprend, comme Bourgeois, tous les
Habitans d'une ville, d'un bourg, de quelqu'Ordre qu'ils soient : les *Communes* font les
Députés de toutes les *Communes* particulières
d'un Etat. En Angleterre, le Clergé du second

---

(1) *Cahier des pouvoirs, &c. de la Noblesse du bas-Vivarais,*
&c. p. 28. art. 38.

(2) *Id.* p. 18. 19.

Ordre étoit autrefois (1) admis dans la Chambre des *Communes* : & maintenant la Noblesse, sans Pairie, y siége avec la Roture. La *Cour des Pairs* est proprement une Chambre de Premiers-Magistrats, revêtus de Charges héréditaires. Appeler *Communes*, en France, le Tiers-Etat, tel qu'on l'a composé en 1789, c'est lui donner un ridicule, c'est l'insulter.

De même, doubler, pour le Tiers-Etat, le nombre des Députés, sans que la délibération par tête ait lieu (2), c'est simplement atteler, comme plus foibles, deux Roturiers au char qu'un Noble a la force de tirer, seul.

Prétendre encore que, pour se dire Représentant un Ordre de l'Etat, & agir en conséquence dans l'Assemblée Nationale, il suffit d'avoir vérifié, chacun dans sa Classe, & non en présence des trois Chambres, les pouvoirs qu'on a reçus de ses Commettans; c'est supposer que les Ministres Plénipotentiaires de différentes Puissances, réunis en

----

(1) Chamberlaine, *Etat présent de l'Angleterre*, &c. deuxième Partie. p. 56. 57.

(2) Extrait d'une *Lettre de M. Anq. du Perron*, du 20 Décembre 1788, dans la *Descrip. hist. &c. de l'Inde*. T. III. à la fin, *Errata*.

T 3

Congrès, peuvent conférer enfemble &
opérer validement, fans s'être préalablement
communiqué refpectivement & immédiatement, fans avoir, comme l'on dit, échangé
leurs pouvoirs (1).

Des queftions de cette nature, agitées de
bonne-foi, entre perfonnes inftruites, peuvent fe décider, pour ou contre, en quelques
jours : qu'elles prennent plufieurs femaines,
plufieurs mois, c'eft ne pas connoître le prix
du temps dans les crifes d'Etat.

La perfuafion eft la feule arme admife
dans les Affemblées Nationales bien réglées :
& fi l'on confulte ce qui s'eft paffé en France,
depuis 400 ans, on verra que ni un, ni deux
Ordres de l'Etat n'ont droit, quoique la
raifon foit de leur côté, de forcer le troifième; ne peuvent, fans lui, décider fouve-
rainement (2) avec le Roi. Ce que la force
feroit aujourd'hui, elle peut le défaire demain.
Le peuple finit (comme en Danemarck) par
fe donner un chef, qui devient bientôt fon
tyran, fi des formes, quoique fouvent dé-

_____

(1) *Adami Adami..... Relat. hiftor. de Pacificat. Ofnq-*
brugo-Monafterianf. 1644—1648. &c. 1737. p. 50. §. 9.

(2) *Ordonn. d'Orléans.* art. 156, dans *le fomm. expofit.*
&c. par du Chalard, &c. p. 206. 207.

fectueufes, ne bornent pas , ne circonf-
crivent pas fon autorité. Habiter une ifle
(comme l'Angleterre) qui n'a pas befoin,
pour fa défenfe, d'une armée fur pied, n'eft
pas occuper un pays vafte, environné de
Peuples puiffans, dont les troupes, en très-
grand nombre, peuvent d'un moment à
l'autre, attaquer telle ou telle portion de
l'Empire; ce qui oblige de confier, pour la
sûreté de la *Commune générale*, le commandement abfolu de 100,000 hommes au *Pouvoir exécutif.* Ce pouvoir exécutif abufera de
fa puiffance (1), fi le peuple, par exemple,
en France, n'a pas recouvré fon énergie par
les moyens que j'ai indiqués dans le §. XXIX:
& fi des Corps, quoique fans autorité légale,
reconnue, ne réveillent pas fon attention,
ne harcelent pas, ne barrent pas les Miniftres
du *Pouvoir* exécutif; toujours refpectable en
lui-même, mais que fes Agens, ennemis nés
de ces Corps, portent à s'aggrandir, pour
augmenter leur influence perfonnelle.

Je dis, *fans autorité légale, reconnue :* autrement l'*Ariftocratie* eft formée; & le peuple,
que l'on trompe, que l'on endort pour l'af-
fervir, en lui répétant toujours qu'il eft le

____

(1) *ci dev.* p. 153.

maître, fera écrafé par le choc impétueux de deux pouvoirs, fouverains & oppofés.

Telle eft la lutte éternelle, lutte qui déplaît aux Miniftres à fyftêmes ou de fecte ; leur ufage eft de repréfenter comme abus, comme vice de légiflation, ce qui leur donne de la peine : telle eft la lutte qui foutient les Gouvernemens, comme le balancement, la contrariété des faifons, entretient l'ordre phyfique de la Nature. Où elle ne paroît pas, le peuple eft efclave. L'anarchie, en général, dure peu : & on ne peut citer de petites Républiques, quand il eft queftion de 24 millions d'hommes. Le mal, dans les matières politiques, eft de confondre le droit avec le fait. La raifon fait le droit ; le fait vient des paffions, qui, généralement, régiffant l'efpèce humaine, doivent ramener fur elle l'attention des Adminiftrateurs.

Page 187, dernière ligne, *ajoutez :*

Péronne, Montdidier & Roye.

» Que le privilége exclufif de la Nouvelle
» Compagnie des Indes, foit révoqué, &
» que ce Commerce, qu'il n'eft pas poffible
» d'empêcher, foit déclaré libre pour tous
» les fujets du Roi.

» Que le droit de marque sur les peaux
» & les cuirs, soit supprimé; afin que nos
» Tanneries puissent soutenir la concurrence
» avec les Manufactures Angloises.

» Que le droit de Franc-fief soit aboli,
» comme une usurpation faite sur le Tiers-
» Etat, sous le régime féodal, & un obstacle
» funeste au commerce des biens-fonds (1) «.

Auxerre soutient la Compagnie des Indes;
Péronne, &c. l'attaque; Paris, où son Bureau se trouve situé, n'en parle point. Ce silence est-il affecté? est-ce défaut d'intérêt ou d'instruction? Il faut pourtant que la Nation sache à quoi s'en tenir sur un procès qui dure depuis 1769, & dont l'Angleterre mange les fonds, tandis que nous disputons. Les impôts, dans cet Etat, sont considérables, & augmentent tous les jours : mais au moins y voit-on l'Administration songer à remplir le trésor où elle veut puiser. Ainsi, la Compagnie des Indes pense à faire passer à la Chine, en échange du thé, pour 200,000 liv. sterl. d'étain Anglois, sur lequel elle gagnera 40 à 50 pour cent (2). Un Peuple qui sait employer toutes les ressources, ne sera jamais pris au dépourvu.

____

(1) *Très-humbles &c., représentations &c., du Clergé des trois Bailliages de* Péronne, *&c.* p. 28.

(2) *Gaz. de Fr.* & *Cour. de l'Eur.* 12 Juin 1789.

(298)

Page 191, lig. 8, mettez une virgule *après,*
propriété.— p. 192. note (1). dern. l. *Généraux,*
lisez *Généraux.* — p. 203. l. 21. *lisez,* qui ne
meurt point. — p. 205. l. 14. *ajoutez :*

Chaumont & Magny.

» IL seroit peut-être bon, vu le trop haut
» prix habituel des grains & bestiaux, &
» l'extrême cherté du pain & de la viande,
» dans le moment actuel, quant aux grains
» & au pain, de proscrire, ou au moins
» restraindre, le nouveau système de la li-
» berté indéfinie du commerce des grains,
» afin d'assurer pendant plusieurs années la
» subsistance du Royaume, & de remettre
» en vigueur les anciennes loix qui défen-
» doient aux Fermiers & Laboureurs de
» vendre ailleurs que dans les halles & mar-
» chés, les grains de leurs récoltes ; & quant
» aux bestiaux & à la viande, de ne plus
» permettre, &, *à fortiori,* de ne plus favo-
» riser indéfiniment les défrichemens &
» mises en culture des pâturages communs
» des Paroisses (1) «.

____

(1) *Cahier du Tiers-Etat des Bailliages de* Chaumont &
Magny, *en* Vexin, *précédé du Procès-verbal de l'Assemblée
des trois Ordres desdits Bailliages.* p. 42.

(299)

Faut-il que le peuple foit mort, pour
qu'on penfe à le laiffer vivre! infâme moyen
d'avoir de l'argent! mais il eft tel commerce, tel goût, tel plaifir, qui rend l'ame
féroce. On fait la peine qu'ont eue les Européens à abolir, en Amérique, les repas de
chair humaine : la terre dévorée par le gibier,
l'homme de la campagne tourmenté par le
chaffeur, fon garde, la bête fauve, demande
à la Nation au moins la réforme du Code
des Chaffes : l'obtiendra-t-il?

» Que votre Majefté feroit fuppliée d'or-
» donner qu'à l'avenir aucun Laboureur ne
» pourra poff*éder qu'un corps de ferme à la
» fois, fans cependant interdire à chacun
» defdits Laboureurs la faculté de prendre à
» ferme & faire valoir de petits marchés par-
» ticuliers (de terre égrainée) (1) «.

L'objet de cet article eft d'empêcher les
encouragemens *que l'on paroît difpofé à accorder
à l'Agriculture, de tourner trop à l'avantage des
gros Cultivateurs, au préjudice de la claffe infé-
rieure (2).*

____

(1) *Id.* p. 59. 25.
(2) *Id.* p. 42.

Page 213, ligne 19, mettez un point *avant* les réductions. — p. 237. l. 7. *ajoutez :*

Péronne, Montdidier & Roye.

» EN rendant hommage à la Noblesse, en
» reconnoissant même, outre ses droits, la
» faveur particulière qui lui est due ; nous
» demandons que le Tiers-Etat participe dans
» une juste proportion, non-seulement aux
» Bénéfices de nomination royale, mais aux
» premières dignités de l'Eglise. Les Evêques
» qui ont été tirés de cet Ordre, ne font pas
» ceux dont le Clergé de France s'honore le
» moins.

» Nous demandons que le Tiers-Etat ne
» foit plus exclus, à l'avenir, du grade d'Offi-
» cier de terre & de mer, ainfi que des charges
» de Judicature dans les Cours Souveraines.
» Cette exclufion, humiliante pour le Tiers-
» Etat, n'eft propre qu'à éteindre l'émula-
» tion : & la France ne peut s'élever avec
» trop de force contre ce nouveau Règle-
» ment, qui l'auroit privée, fous les deux
» derniers règnes, des fervices des Faber &
» du Guay Trouin (1) «.

---

(1) *Très-humbles &c.*, *repréfentations &c.*, *du Clergé &c.*, *des trois Bailliages de* Péronne, &c. p. 11. 27.

Obſervons que les nouveaux Règlemens, flétriſſans pour le Tiers-Etat, ſont du règne de l'*honorable* philoſophie ; dont les Elèves, nés de pères Roturiers (1), ſortis du Bureau, du Comptoir, de l'Attelier, de l'Antichambre, aujourd'hui Gentilshommes, armés de plumets & de poumons, ſiégeant avec le Duc & Pair, le Prince du Sang, ſont les braves, dans la triſte *guerre-d'argent* qui diviſe actuellement les trois Ordres.

Les vraies lumières ne ſont pas auſſi répandues qu'on aime à le croire, à le répéter. MM. les Commiſſaires de la Nobleſſe du Berri, dans leur Rapport, s'expriment bien ainſi : » Dans le cas où on agiteroit aux Etats-» Généraux la queſtion de ſavoir quel degré de » participation la Nobleſſe pourroit prendre » au commerce, les Députés feront con-» noître que le peu de fortune de quelques-» uns de ſes Membres dans cette Province, » pourroit lui rendre cette reſſource néceſ-» ſaire, & qu'en proſcrivant les eſpèces de » commerce en détail, peu faits pour des » Gentilshommes, le vœu de l'Ordre ſeroit » que les Commerces relatifs à l'Agriculture, » & même les Fermages qui pourroient être

_____

(1) *Gaz. de Leyde.* 9 Juin 1789.

» à la convenance de quelqu'individus, ne
» fuffent point une caufe de dérogeance (1) «.

C'eft le befoin, & non la juftice intrin-
sèque de la chofe, qui arrache cette propofition, ce vœu, que le Cahier n'a pas fanc-
tionné.

Ailleurs, les mêmes Commiffaires s'élèvent avec force contre les emprunts. » Vous
» confidérerez fans doute, Meffieurs, difent-
» ils, faifant leur rapport à la Nobleffe, les
» emprunts comme un impôt anticipé, qui
» nourrit l'avidité des Capitaliftes; en fait
» les foutiens d'un agiotage auffi vil que
» corrupteur; qui attache l'homme au cé-
» libat, augmente l'égoïfme, relâche les
» nœuds de la Nature (2), les liens de l'amitié

---

(1) *Procès-verbal de l'Affemblée de la Nobleffe du Berri,
tenue à Bourges. 1789. Rapport de MM. les Commiffaires,
& arrêtés pris en conféquence par la Chambre de la Nobleffe,
& formant enfemble les Cahiers des inftructions de fes Députés
aux Etats-Généraux. p. 106.*

(2) Céci regarde fur-tout les Emprunts viagers, opération de finance abfolument immorale; comme l'emprunt
à termes courts eft impolitique. La pofition actuelle de
l'Europe, au premier coup-d'œil, a quelque chofe d'effrayant. Toutes les Puiffances doivent, toutes les Puiffances empruntent. Cela vient de l'état de dépenfes, auquel
on croit devoir fe monter, même en temps de paix, &
de l'inactivité des fonds renfermés dans les Porte-feuilles:

» & du patriotifme ; qui énerve l'agriculture ,
» en ôtant le numéraire des Provinces, pour
» l'attirer à la Capitale , & qui procure aux
» Miniftres la facilité dangereufe , d'abufer
» de richeffes fauffes & momentanées (1) «.

Rien de mieux dit , affurément, rien de
plus patriote, de plus humain : mais on a
le cœur ferré quand on lit après cela, dans
le Procès-verbal , l'endroit qui regarde la
Traite des Nègres.

» Nous avons également fait part à l'Af-
» femblée, dit M. le Préfident, d'une Lettre
» de M. le Marquis de Condorcet, & d'un
» exemplaire des Réglemens de la Société des
» Amis des Noirs, par lefquels on nous
» engage à déterminer l'Affemblée , à former
» un vœu pour faire rompre l'efclavage des
» Nègres (2) «.

Cette démarche de M. de Condorcet , fait
honneur à fon cœur, aux Lettres, aux Aca-

---

le fyftême eft devenu général , ainfi que le mal. La Nation
qui fe tirera la première de cette gêne, qui ceffera la
première d'en être ainfi toujours aux expédiens, fera celle
qui faura la première fe remettre au taux qui lui convient,
& rendre au travail, à l'induftrie, les fonds morts des
Capitaliftes.

(1) *Rapport* , &c. p. 77.
(2) *Procès-verbal*, &c. p. 83.

démies. Au lieu de multiplier les Prix, le
plus souvent pour illustrer les Fondateurs,
occupons-nous férieusement de l'humanité
souffrante ; cherchons les moyens de la sou-
lager efficacement.

» La matière mise en délibération ; l'Ordre
» de la Nobleſſe, pénétré d'admiration pour
» les principes de juſtice & d'humanité con-
» ſignés dans la Lettre & le Mémoire dont
» on vient de lui faire lecture, a regretté de
» ne pouvoir ſe livrer aux ſentimens de géné-
» roſité & de bienfaiſance dont tous ſes
» Membres ſont animés (1) «.

Animés, ſans doute, foiblement : qui vous
empêche de vous livrer à ces ſentimens?
Quand il eſt queſtion de faire du bien, faut-
il tant de calculs !

» Mais la Chambre conſidérant que la
» Province du Berri eſt ſituée au centre du
» Royaume, qu'elle n'a aucun objet de com-
» merce qui puiſſe déterminer ſon opinion
» ſur les avantages ou les inconvéniens qui
» peuvent réſulter de l'abolition de l'eſclavage
» des Nègres, a cru, pour ne point compro-
» mettre l'intérêt des autres Provinces, qu'il

---

(1) *Id.* p. 83. 84.

» étoit

» étoit de fa fageſſe de renvoyer cette queſtion
» importante aux Etats-Généraux (1) «.

Ceci me rappelle le trait d'un Bourreau, à
qui le Juge de ...... recommandoit de la douceur dans ſes exécutions : Monſieur, lui dit
l'homme public, ſi on écoutoit ceux qui ſe
plaignent, on ne romproit perſonne.

La poſition du Berri n'empêche pas les
Commiſſaires de la Nobleſſe de s'occuper,
& avec raiſon, de la Marine. » Ne jugerez-
» vous pas, Meſſieurs, diſent-ils aux Nobles
» aſſemblés, qu'il eſt important de connoître
» nos forces navales, d'en avoir des états
» détaillés, de ne pas permettre que, ſous
» prétexte d'inſuffiſance de fonds, on laiſſe
» pourrir des vaiſſeaux dans les ports, dé-
» garnir les magaſins, & tomber en ruine les
» arſenaux & les fortifications des ports &
» des Colonies ? Ne voulez-vous pas, Meſ-
» ſieurs, avoir une Marine impoſante, ca-
» pable de contenir des voiſins ambitieux,
» & des Nations rivales (2) «.

Ces vûes ſont ſages : tout François, quelque
portion du Royaume qu'il habite, peut &
doit les avoir. Quant à l'eſclavage des Nègres,

____

(1) *Ibid.*
(2) *Rapport, &c.* p. 23.

V

font-ce les avantages ou les inconvéniens de la
vente d'hommes, nos semblables, qui doivent
former le jugement sur un objet de cette
nature? n'est-ce pas la justice ou l'atrocité de
la chose, considérée en elle-même? L'intérêt
des Provinces livrées à ce malheureux commerce, peut arrêter, pour l'abolition, sur
la manière, mais non sur le fonds.

» Et de n'articuler d'autre vœu, que celui
» qui sera pris, après un mûr examen (1) «.
» Que de prudence! tandis que des milliers
» d'hommes périssent.

» Dans la Chambre de la Noblesse réunie
» à l'Assemblée générale, lequel vœu con-
» tiendra certainement les principes inaltéra-
» bles de l'humanité, & les intérêts précieux
» du commerce.

» Et attendu qu'il est l'heure de neuf heures
» du soir, nous avons remis la continuation
» de l'Assemblée à demain, neuf heures du
» matin, de l'aveu & du consentement de
» tous les Membres qui la composent (2) «.

Les Assemblées de MM. de la Noblesse du
Berri, finissent régulièrement à neuf heures.
Quand on lit leur Procès-verbal, on est frappé
de l'uniformité; toujours : *& attendu qu'il est*

______

(1) *Ibid.*
(2) *Ibid &c. p. 85.*

l'heure de neuf heures du foir, de relevée (1). De même, pour les Affemblées du matin : & attendu qu'il eft l'heure de deux, de relevée, après midi ; deux heures & demie (2). Le foir, fe retirer à neuf heures, eft chofe falutaire : cependant la queftion de l'efclavage des Noirs, demandoit peut-être une exception. Une heure de plus donnée à la difcuffion, leur auroit appris que la *Traite des Nègres* n'eft fouvent que le produit de la *Chaffe-aux-hommes,* accompagnée & fuivie d'horreurs, dont le récit fait frémir (3).

En général, c'eft l'efprit de circonfpection qui conduit les pas de la Nobleffe du Berri : elle ne hafarde rien (4). Ainfi fon arrêté fur l'égalité de l'impofition, porte : » Que les » Députés, en votant aux Etats-Généraux » l'égalité de répartition des fubfides fur tous » les trois Ordres de l'Etat, conformément » au vœu général exprimé à ce fujet par » l'Affemblée, ne pourront lier l'Ordre fur

------

(1) *Id.* p. 22. 41. 48. 61. 85.

(2) *Id.* p. 32. 73. 89. 97.

(3) Voyez le *Mémoire pour le S. Jean Blondeau, Capitaine de Navire : contre le S. Charles* Raifon, *Armateur du Navire (Négrier),* le Comte de Jarjac. 1777. p. 8. note (*a*). p. 74. 75. 77. &c.

(4) *Proces-verbal,* p. 83. *Rapport.* p. 17.

V 2

» cette renonciation à fes priviléges ; que
» dans le cas, 1°. où le régime actuel &
» confus des Finances cefferoit d'avoir lieu ;
» 2°. où les nouvelles conftitutions énoncées
» dans le Cahier général feroient accordées ,
» & leur maintien affuré par le retour pé-
» riodique des Etats-Généraux ; 3°. où le
» Clergé & les autres privilégiés confomme-
» roient réellement le facrifice qu'ils ont
» annoncé, ainfi que la Nobleffe (1) «.

    Voilà ce que MM. les Nobles du Berri
énoncent dans leur Cahier en ces termes :
» Les Députés....... s'occuperont à régler
» les fubfides, que la Nobleffe, par un con-
» cours généreux, patriotique, fraternel &
» unanime, s'eft déterminée à fupporter éga-
» lement, avec les deux autres Ordres de
» l'Etat (2) «.

    Peut-être, dans ce fiècle, fi fupérieur aux
précédens, y a-t-il de la *générofité* à payer ce
que l'on doit : mais, avec mes yeux de
Voyageur-marin, je ne vois, dans un abandon
auffi chargé de conditions, que de la petite
fraternité, & affez peu de patriotifme.

---

(1) *Rapport, &c.* p. 28.

 (2) *Cahier général de l'Ordre de la Nobleffe de la Province
du Berri pour les Etats Généraux.* (remis à MM. le Comte
de la Châtre, le Marquis de Bouthillier, le Vicomte de
la Merville, Bengy de Puivallée, Députés). p. 29. art. 9.

Page 239, ligne 13, *ajoutez :*

Vivarais. (bas)

» Tous les Citoyens, Nobles ou Roturiers,
» feront admis aux charges de Magiftrature,
» nonobftant tout arrêté contraire des Cours
» Souveraines ; les Charges de Magiftrature
» feront données au concours entre les pré-
» tendans ; le fils de Maître préféré à mérite
» égal (1) «.

On veut fans doute récompenfer le père dans le fils : mais c'eft pour le peuple que la Magiftrature eft établie, & non pour le bien particulier du Magiftrat ; ainfi, le mérite fuppofé égal, la préférence donnée au fils de Maître, n'a nul motif, & dès-là feroit injufte.

Page 244, ligne 10, *ajoutez :*

Chaumont & Magny.

» Le nouveau Règlement Militaire, qui
» donne aux Roturiers, même les plus ca-
» pables, l'exclufion des grades de quelque
» confidération, devroit être abrogé par
» Votre Majefté, & les chofes, à cet égard,
» remifes fur l'ancien pied ; cette exclufion
» eft injurieufe au Tiers-Etat, qui, dans tous

____

(1) *Cahier des pouvoirs &c., de la Nobleffe du bas-Vivarais* &c. p. 29. 30. art. 41.

» les temps, a fourni à la Patrie des défen-
» feurs diftingués, tant fur terre que fur
» mer (1) «.

Page 261, note (1), dernière ligne, *ajoutez*:

Lettre des Commiffaires de la Colonie de Saint-Domingue au Préfident de la Chambre du Tiers, & à l'Affemblée du Tiers-Etat ne Paris, le 22 Avril 1789. Dans le *Procès-verbal de l'Affemblée du Tiers-Etat de la Ville de Paris,* intra muros. p. 87. 88.

Une Colonie » qui donne chaque année un
» fubfide de neuf millions, à qui les loix
» prohibitives coûtent plus de 60 millions
» qui tournent au profit de la Métropole,
» qui fait un commerce de plus de 200
»·millions chaque année, & qui, tous les
» ans, apporte à la France un bénéfice éva-
» lué par M. Necker, dans la balance du
» commerce, à plus de 40 millions de livres
» tournois « : refufer d'admettre à l'Affemblée Nationale, les Députés d'un pareil
Etabliffement, c'eft élever un mur de fépara-
tion entre la mère & les enfans. Je ne vois
que les Anglois d'Europe, d'Afrique, d'Afie,
d'Amérique, qui puiffent gagner à ces principes, ces femences de défunion : le François

---

(1) *Cahier du Tiers-Etat des Bailliages de* Chaumont *&* Magny *&c.* p. 55.

(311)

supporte les charges, les vexations; il aime son Roi. L'oubli l'attriste; il ne pardonne pas le mépris.

Page 268, ligne 11, mettez un point *avant*, cette alternative : ligne 16, *ajoutez* :

Le Clergé de Péronne réclame positivement pour la liberté des Noirs, comme pour celle des Serfs François : voici ses paroles, qui méritent d'être rapportées.

» En notre double qualité de Chrétiens &
» de François, & à l'exemple des anciens
» Conciles, qui les premiers ont réclamé la
» liberté légitime de nos pères, comme un
» droit inaliénable de la nature humaine,
» nous supplions Sa Majesté d'étendre à tous
» ses Sujets l'affranchissement qu'elle a bien
» voulu accorder aux hommes encore Serfs
» dans les Domaines de la Couronne. Nous
» conjurons le Restaurateur de la France, de
» briser ce dernier anneau de la chaîne féodale,
» & d'abolir, par une loi solemnelle, dans
» toute l'étendue de ses Etats, la servitude,
» ainsi que le droit de suite, qu'une Nation
» éclairée ne sauroit placer au rang des pro-
» priétés.

» Nous sollicitons également la liberté
» légale pour nos frères infortunés, les Nègres
» de nos Colonies; & nous invitons la Nation
» assemblée à s'occuper de leur affranchisse-

» ment, avec toutes les précautions de fa-
» geſſe & de juſtice, qui doivent accom-
» pagner un ſi grand bienfait (1) «.

Ajoutons à ce précieux morceau, le vœu
des Nobles de Mantes & Meulan.

» Enfin, diſent ces ames ſenſibles, comme
» aucune des réclamations de l'humanité ne
» peut être étrangère à des amis de la liberté
» & de la juſtice, nous recommandons à
» notre Député de ſolliciter l'abolition de
» la ſervitude de la Glèbe, abolition dont le
» Roi a donné l'exemple dans ſes Domaines;
» nous lui recommandons auſſi de propoſer
» l'examen des moyens de détruire la Traite,
» & de préparer la deſtruction de l'eſclavage
» des Noirs. Il doit nous être permis de
» deſirer, pour l'honneur de la France, d'ef
» facer juſqu'aux dernières traces de la dégra-
» dation de la nature humaine (2) «.

A Paris, le 15 Juin 1789.

FIN.

---

(1) *Très-humbles, &c. repréſentations, &c. du Clergé, &c.
de* Péronne. p. 2. 3.

(2) *Cahier de l'Ordre de la Nobleſſe des Bailliages de*
Mantes & Meulan. *Remis à M. le Marquis de* Gayon,
élu Député par l'Ordre de la Nobleſſe, le 23 *Mars* 1789.
p. 14. art. 7.